Richard Scarry 理查德·斯凯瑞 [美]

斯凯瑞最high的

游戏书

贵州出版集团公司 ▪ 贵州人民出版社

这本书这么玩

你可以给这本书上的每一幅图画涂上颜色；可以使用任何填色工具和材料，比如蜡笔、彩色铅笔、彩色碳素笔、油画棒、水彩颜料等等。双面涂色也不用担心，纸张是足够厚的。

有些彩色笔的墨水很容易透到纸的另一面，你在选择这种笔的时候一定要小心！先选一支笔试一下，看颜色有没有透过纸张。

水彩颜料上色很容易使纸张产生褶皱，如果你想保持纸张平整，最好撕下要涂色的那页纸，然后用胶带将纸的四边固定在厚的硬纸板上，一定要粘牢。等你画上的水彩颜料彻底干透后，再把粘上的胶带撕下来。如果是在雨天，最好把画好的画晾一晚上，再撕下胶带。

书中有些手工训练需要用到剪刀、胶水、胶带，或者彩笔以外的其他工具和材料，每次说明文字中都会对所需工具材料有详细地罗列。在做手工之前，先把要做的那一页纸剪下来，会让你的手工劳作更方便。不过，在使用剪刀时，一定要注意安全哦！

做一本日历

让我们一起来做一本日历吧。

一年有12个月。有的月份有30天，有的月份有31天。二月一般只有28天（闰年的二月有29天）。每一个月的日历页上都会告诉你当月的天数。

如果你想给每个月的日历页填写上日期，首先，你要弄清楚每个月的第一天从星期几开始。你可以看看其他日历或者问问爸爸妈妈。

知道了每个月的第一天从星期几开始后，就在第一行对应的方格里写上“1”，然后按照从左到右的顺序把剩下的方格一行行填满，就像下面那张小屁孩儿做的日历一样。

有的月份，当你写到这个月最后一个日期时，最后一行方格还有剩余；也有些月份，当你写完最后一行的最后一个方格时，还剩一个或两个日期没写，这时，你就得把剩下的日期和最后一行的其他日期挤在同一个方格里。你可以参考小屁孩儿的做法。

遇到周末和假期，你可以用红笔在对应的日期上画圈，也可以用其他颜色的笔填写数字。别忘了标记出自己的生日哦！

填写完日期后，给日历上的图画涂上颜色，再在画 ⊗ 的地方打孔，系上丝带，你就可以把日历挂在你的房间里了。

现在就开始制作你自己的日历吧。一月的日历页就在下一页，而其他月份的日历页都穿插在这本书后面的页码里。

一月

星期日	星期一	星期二	星期三	星期四	星期五	星期六
					1	2
3	4	5	6	7	8	9
10	11	12	13	14	15	16
17	18	19	20	21	22	23
24/31	25	26	27	28	29	30

31天 一月 元旦节 1月1日

星期日	星期一	星期二	星期三	星期四	星期五	星期六

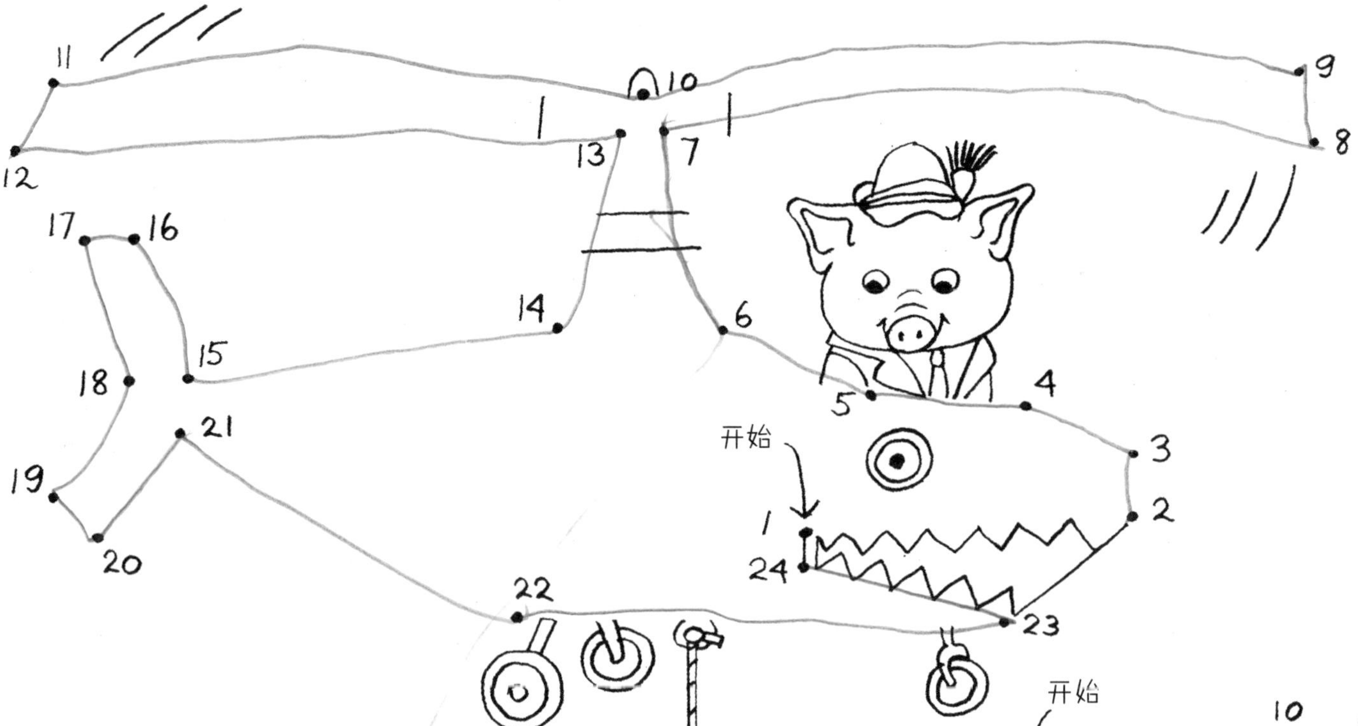

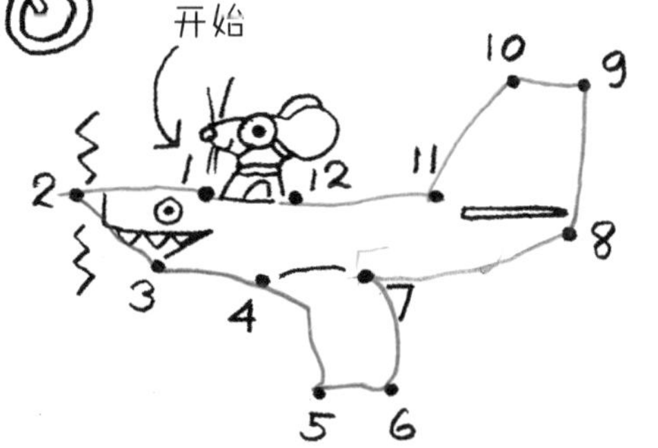

大猫山姆陷入了麻烦，小猪达利赶紧过来帮忙。

按数字顺序将三组圆点分别连接起来，看看山姆到底遇到了什么麻烦。

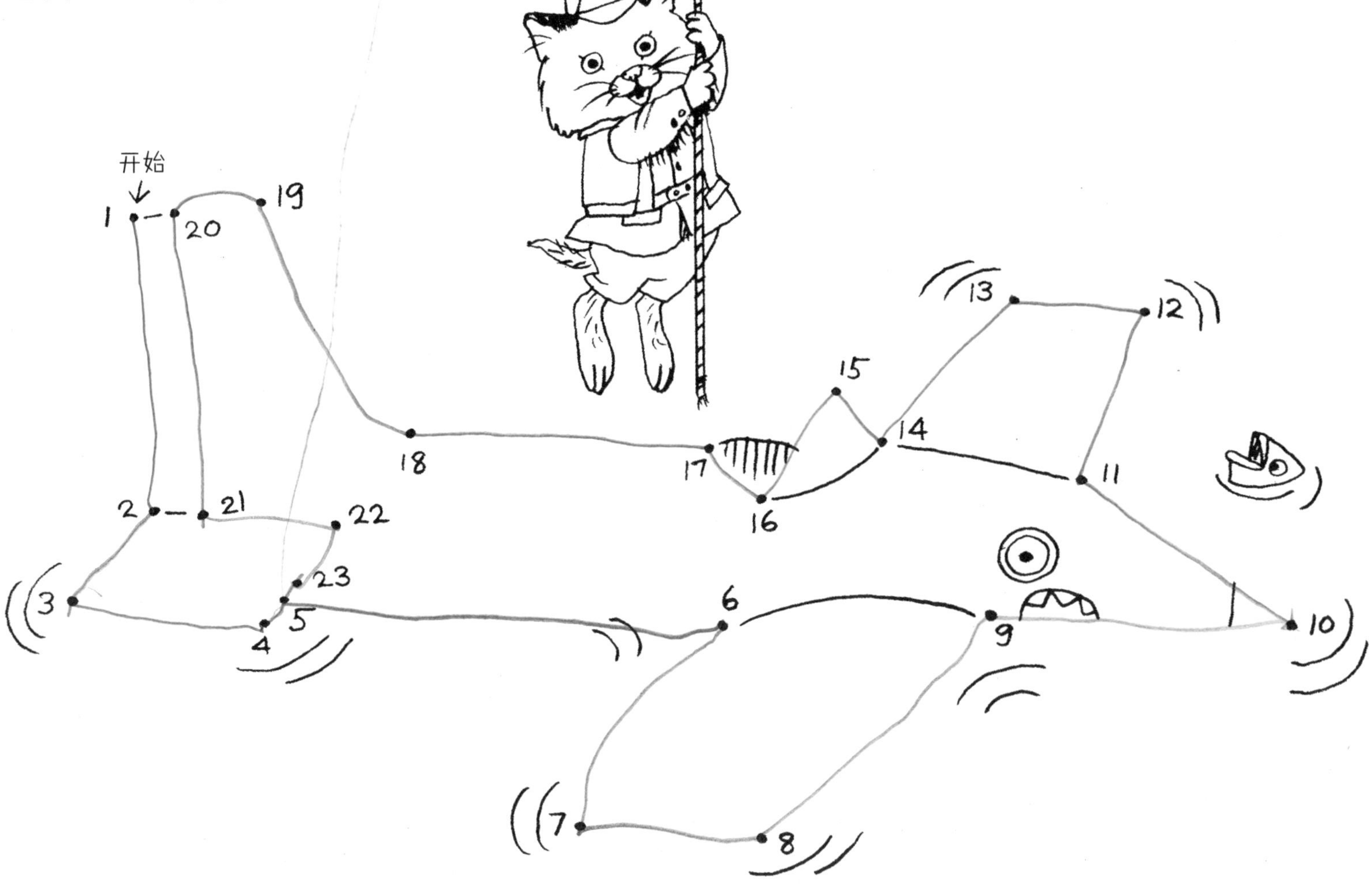

海象兄妹罗里·迈克和安格斯·迈克

小猫凯瑟琳正在调配自己喜欢的颜色，你能调出自己喜欢的颜色吗?

先给蚯蚓涂上红色，再给它涂上黄色，哈哈，一条橘黄色的蚯蚓就出现了。

黄色加蓝色可以涂出一只绿色的青蛙。

好了，现在请你按照右边图画的指示，混合两种颜色，看看能得到什么新颜色。

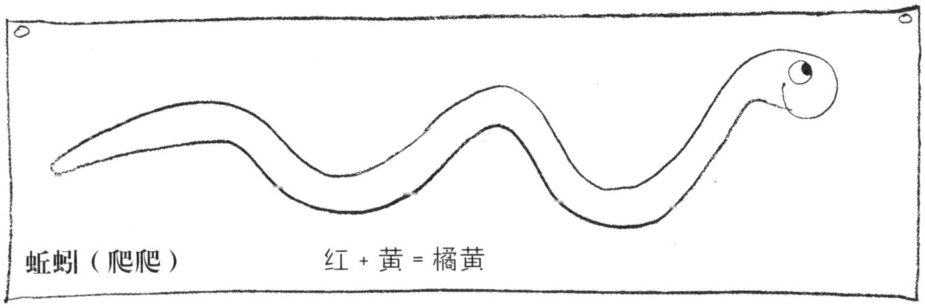

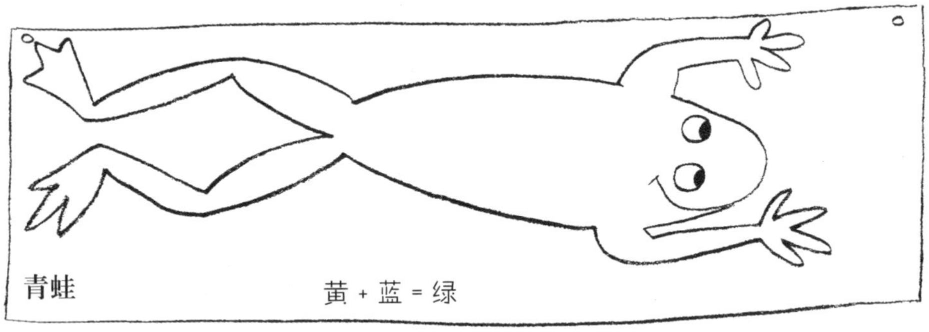

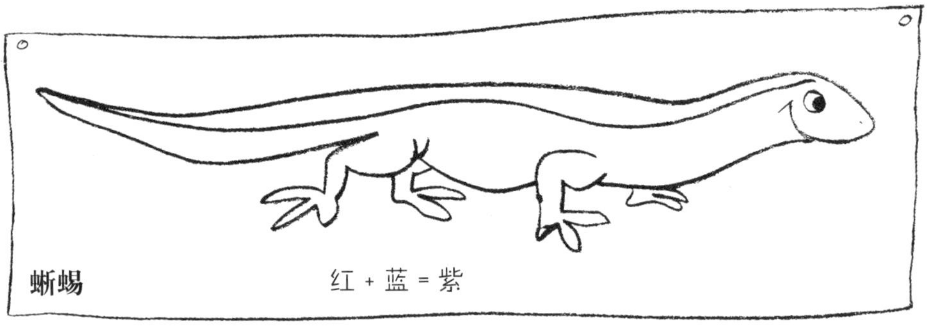

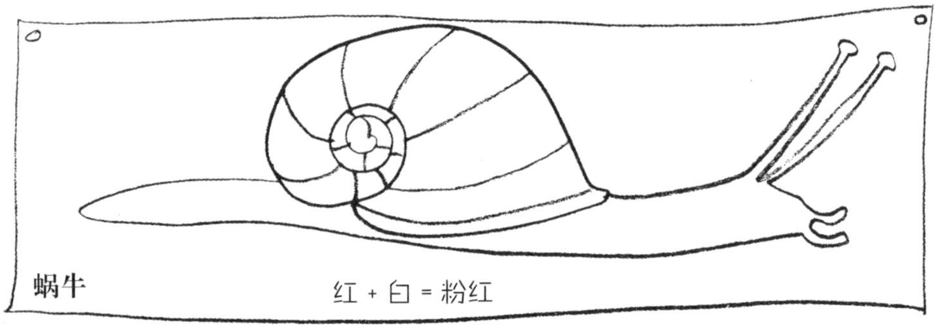

小汽车、卡车和公共汽车

制作小汽车、卡车和公共汽车是非常有趣的。接下来的三页会教你做各种交通工具。首先，你要给这些“车辆”涂上颜色；然后，沿着图画边缘的黑色实线将它们剪下来；再沿虚线向下折叠，做成盒子的样子。

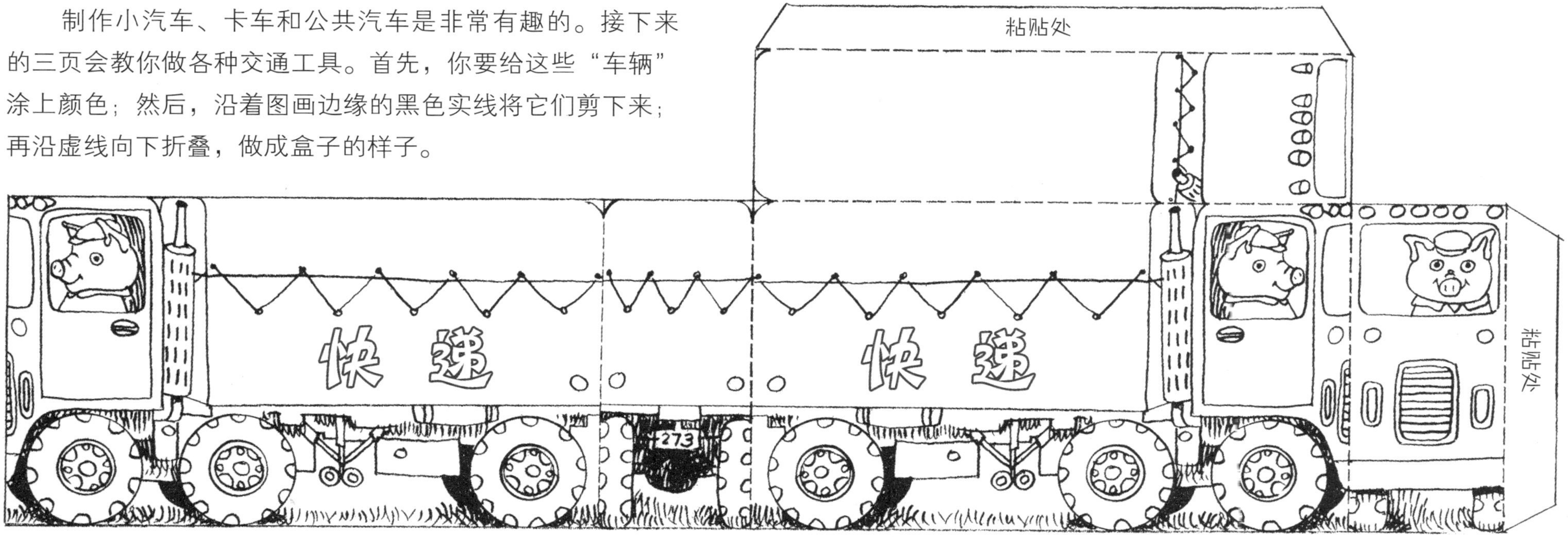

将侧“粘贴处”涂抹胶水后，插进盒子内侧，粘牢。以同样的方式将上“粘贴处”粘牢。

道路上的其他人

首先给这些“行人”涂上颜色，然后将它们剪下来，再沿虚线将两边空白部分向后折，使它们能够立在桌子上。

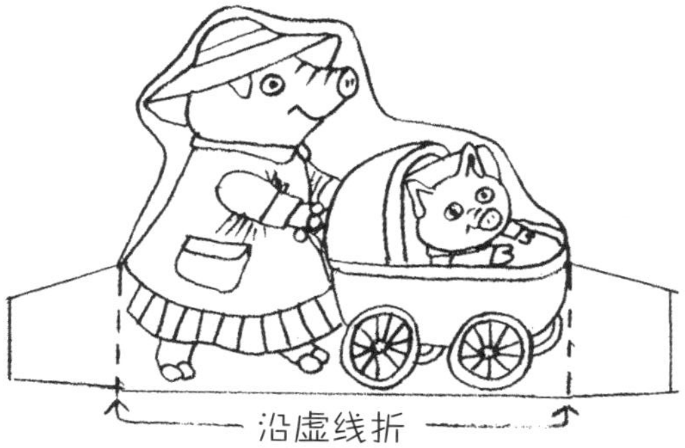

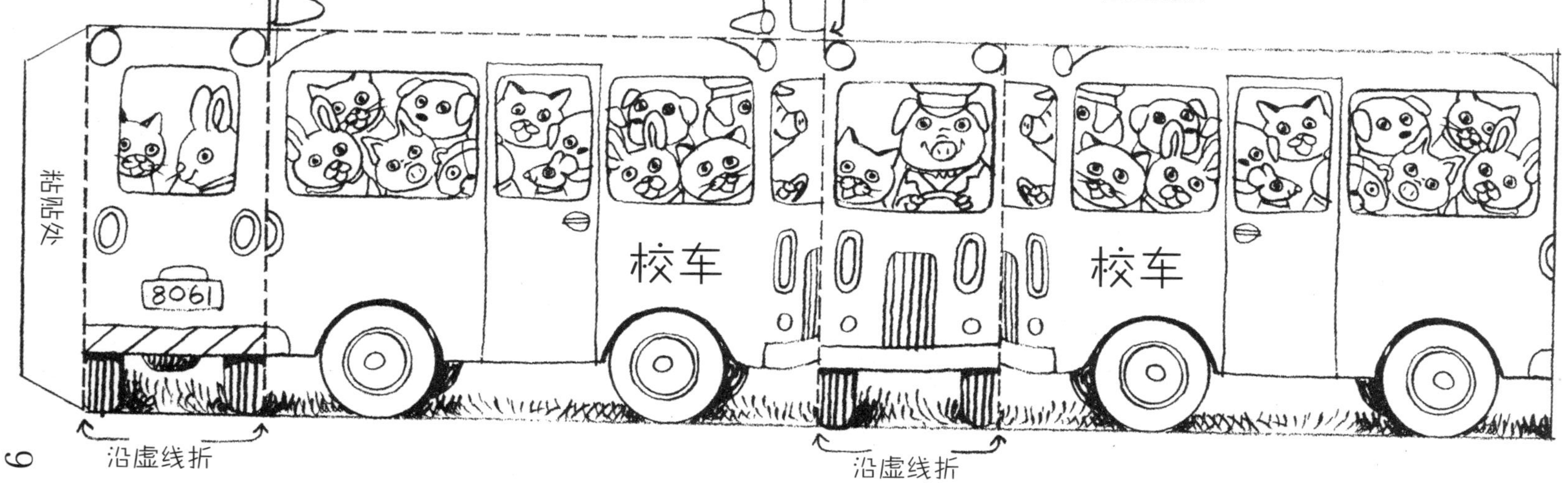

一路畅通！

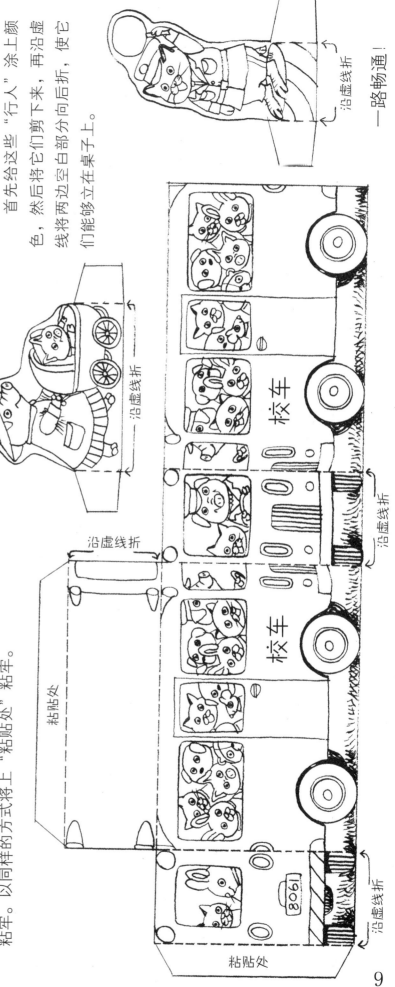

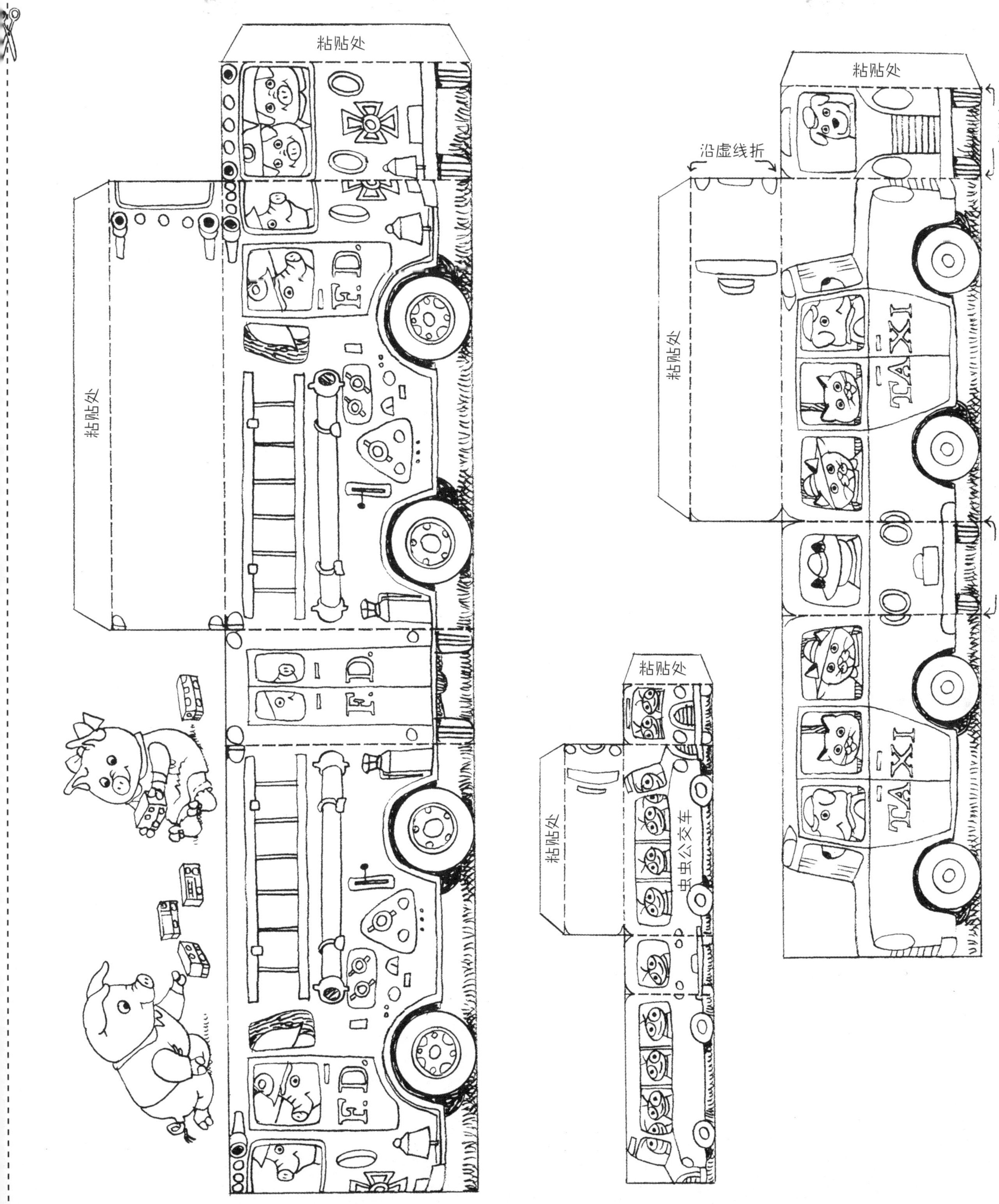
粘贴处
粘贴处
沿虚线折
沿虚线折
粘贴处
F.D.
TAXI
沿虚线折
粘贴处
粘贴处
虫虫公交车
TAXI
F.D.

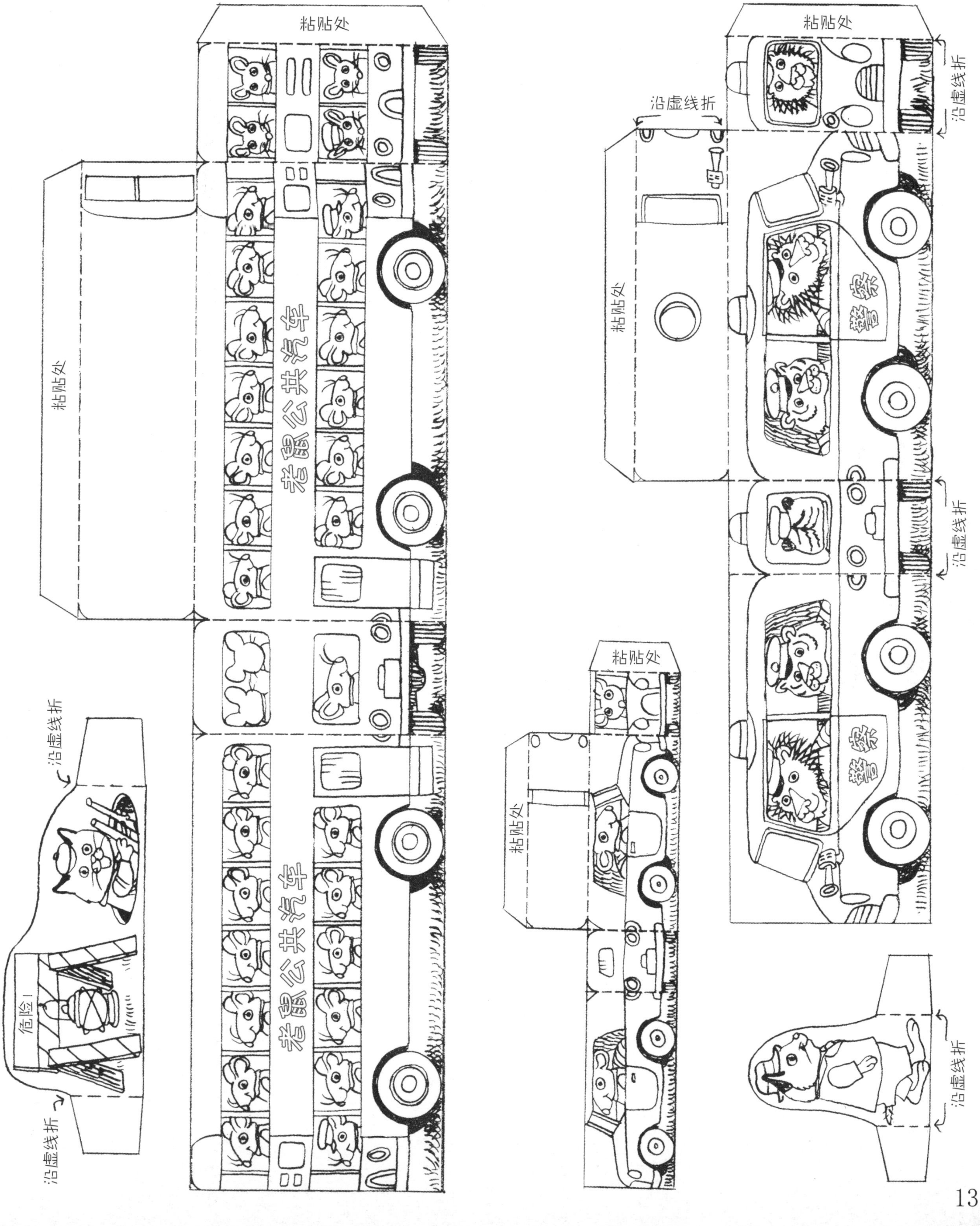

粘贴处
老鼠公共汽车
老鼠公共汽车
粘贴处
沿虚线折
危险!
沿虚线折
粘贴处
沿虚线折
沿虚线折
粘贴处
警察
警察
沿虚线折
粘贴处
粘贴处
沿虚线折

豪华游轮准备起航了。
你想跟我们一起去海上旅行吗？

快来帮忙给校车刷上油漆吧！

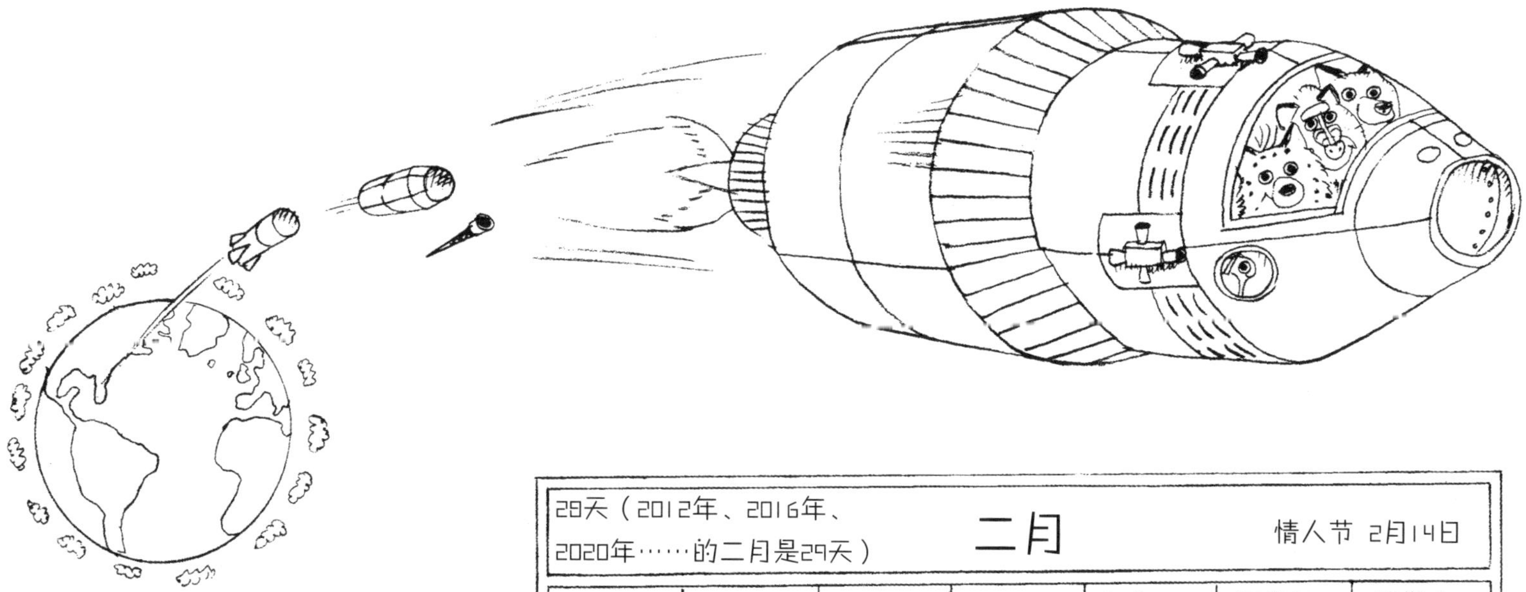

29天（2012年、2016年、2020年……的二月是29天）

二月

情人节 2月14日

星期日	星期一	星期二	星期三	星期四	星期五	星期六

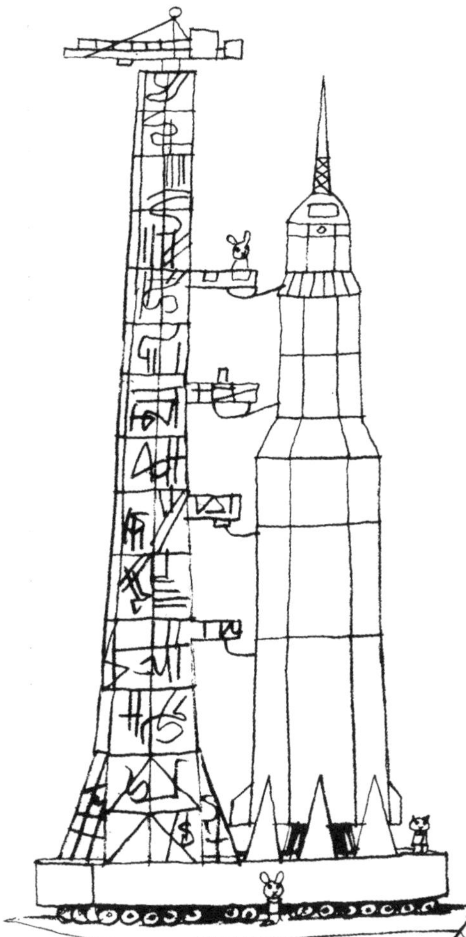

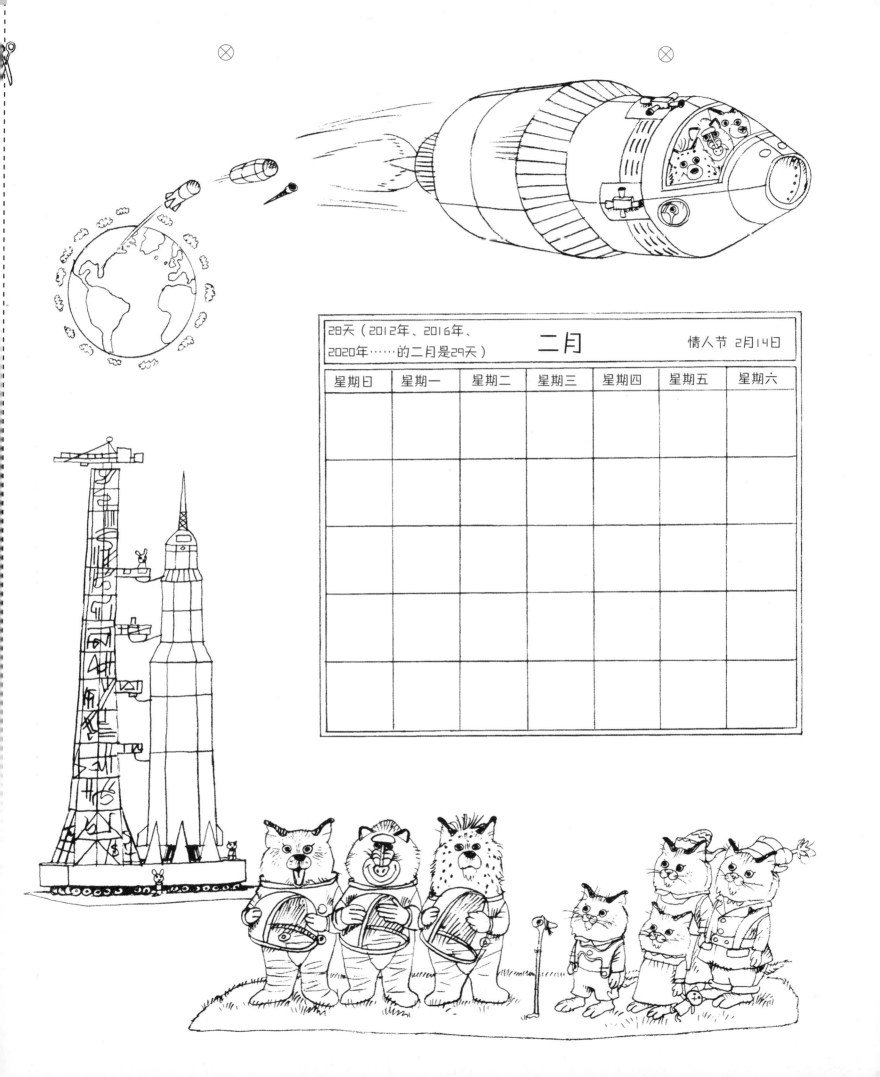

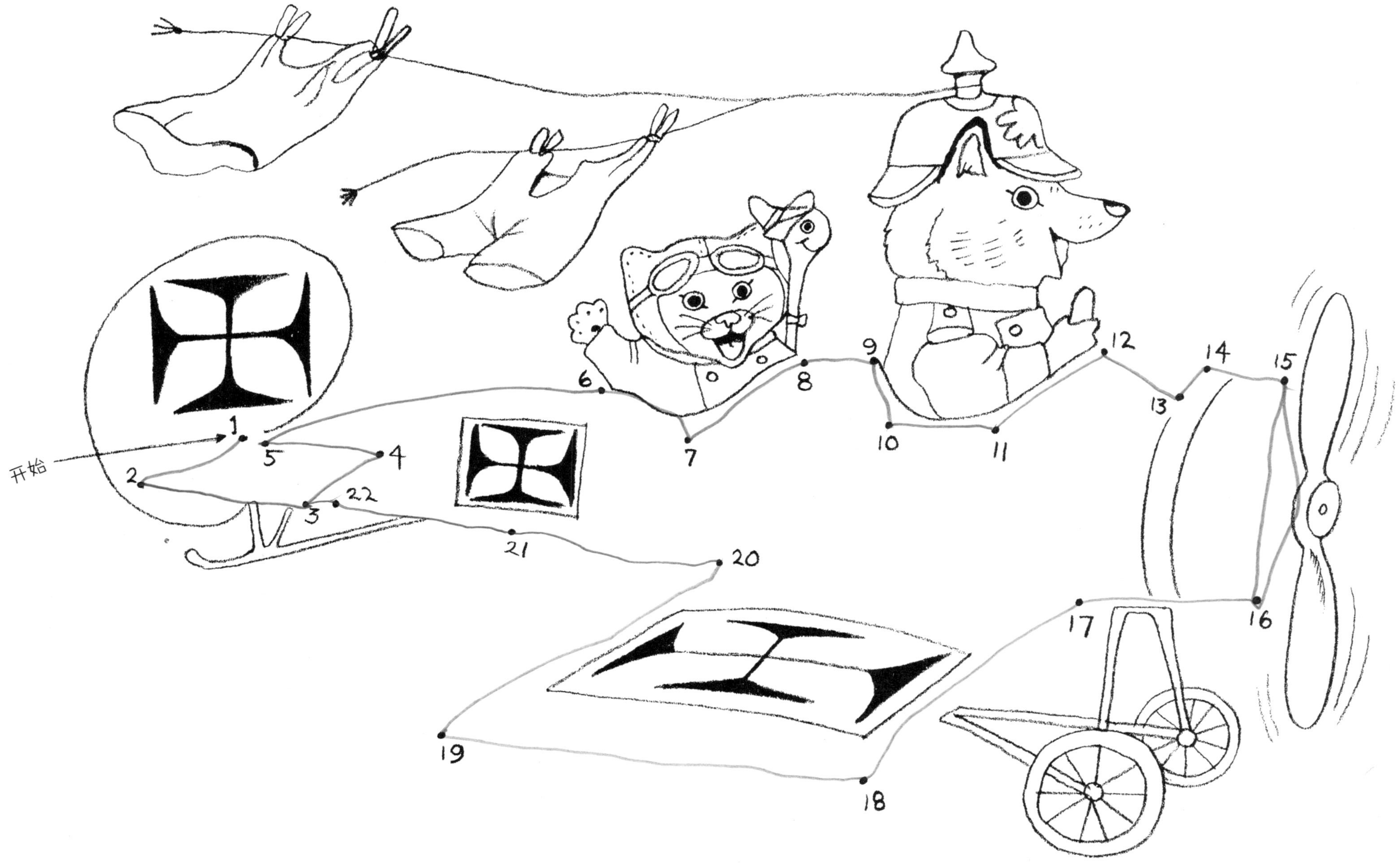

猜猜小屁孩儿、乖乖宝和爬爬坐在什么里面？
按照数字顺序将圆点连接起来，你就能找到答案了。

走，我们散步去！

你会玩钉尾巴的游戏吗?

派对游戏

给21页的尾巴涂上颜色。再给23页的驴涂上颜色。

沿黑色实线剪下尾巴。在尾巴上的“X”处穿上大头针或图钉。

将画有驴的那页整页撕下来，贴到一张厚纸或硬纸板上。再将厚纸或硬纸板挂在墙上。

每一个游戏参与者都蒙上眼睛，每人分得一条尾巴，轮流给墙上的驴子钉尾巴。最后，看谁钉的尾巴离驴屁股上的“X”最近，谁就赢了。

如果你想增加游戏的难度，还可以要求每个游戏参与者蒙上眼睛后，在距离驴6至8步远的位置自转三圈，帮他面对驴的方向之后，再去钉尾巴。如果他还能找到驴，那就太幸运了！

聚会席次牌

席次牌会告诉参加聚会的客人们就餐时应该坐在什么位置。

给21页席次牌上的图画涂上颜色。将参加聚会的客人们的名字分别写在席次牌上。（别忘了选一张席次牌写上你自己的名字哟！）

沿黑色实线剪下席次牌。沿虚线将两边向后折。按照事先安排好的位置，将席次牌立在桌子上。现在桌子上是不是看起来很不错?

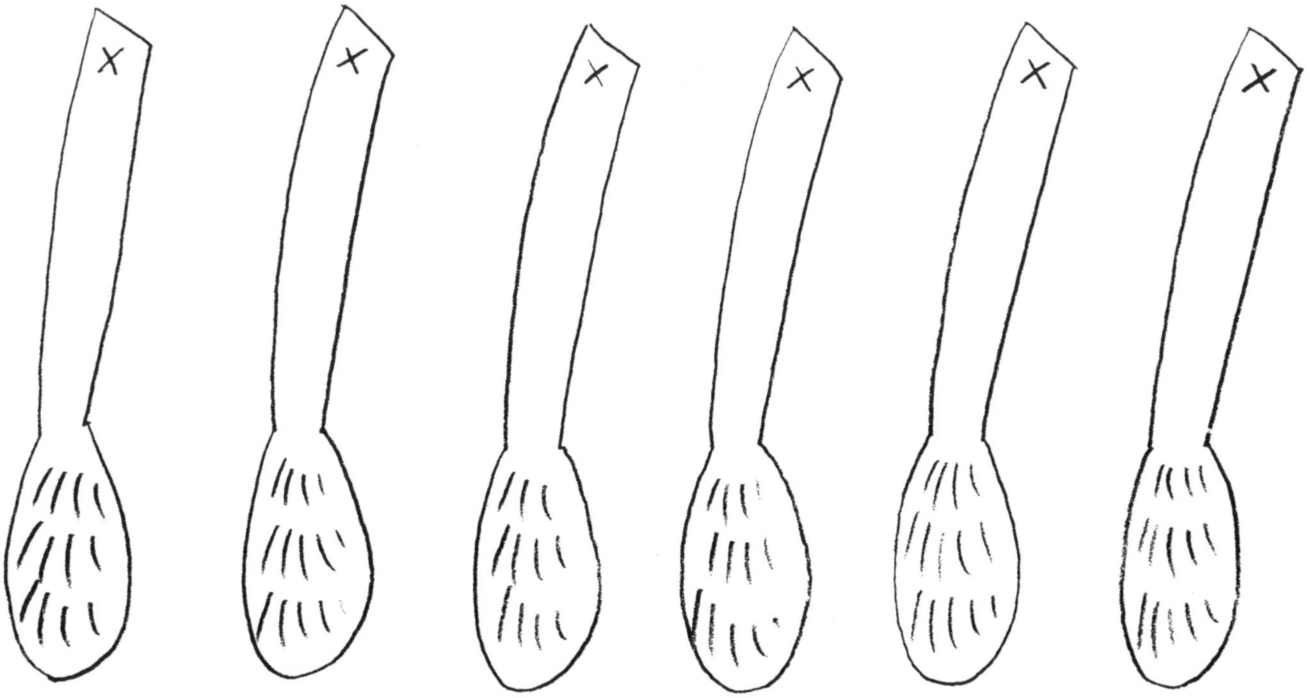

驴尾巴

席次牌

好大的生日蛋糕啊！

救命！救命！
快救猫妈妈！
嘿，小屁孩儿，
快从阁楼上下来！

31天 三月

妇女节 3月8日
植树节 3月12日

星期日	星期一	星期二	星期三	星期四	星期五	星期六

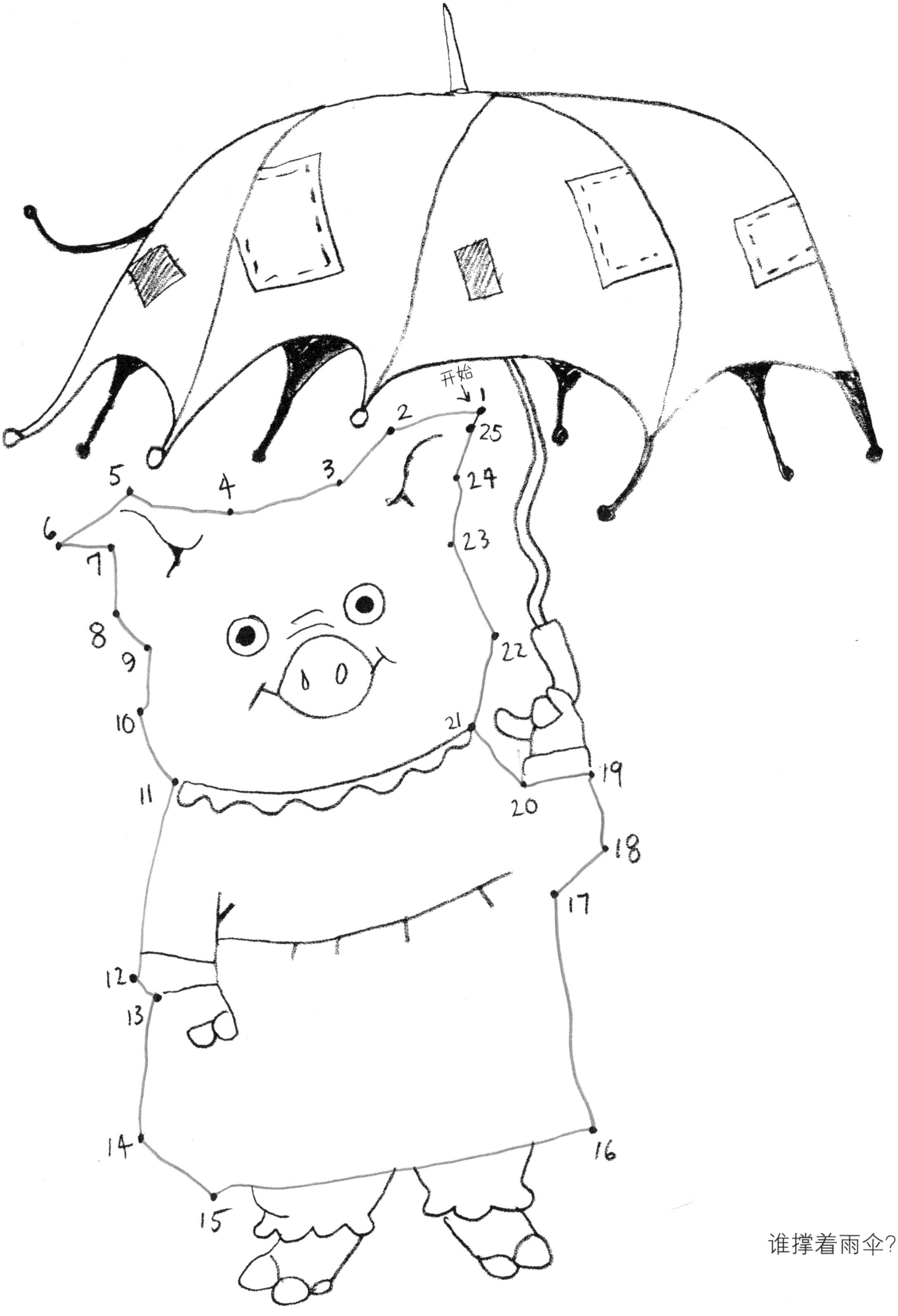

谁撑着雨伞?

这就是忙忙碌碌镇！
天哪，多么美丽的城市啊！

此页填色可参照斯凯瑞金色童书第一辑《忙忙碌碌镇》。

制作纸飞机

将31页正反面的飞机都涂上颜色。
将31页整页撕下来，再按黑色实线框剪裁，沿虚线折叠。
好了，现在你可以放飞手中的飞机了！

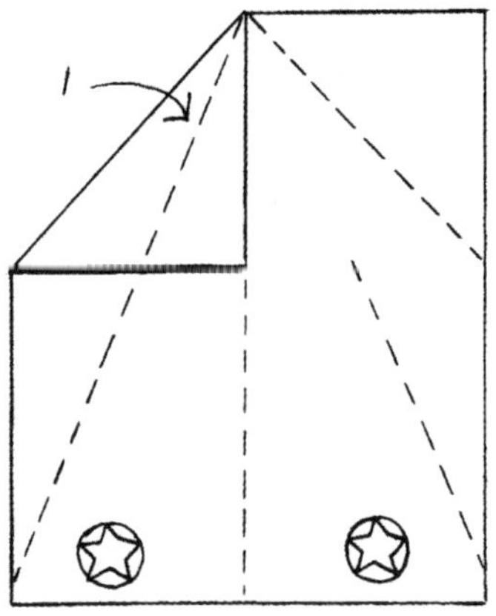

将左上角向内折，对齐中线。

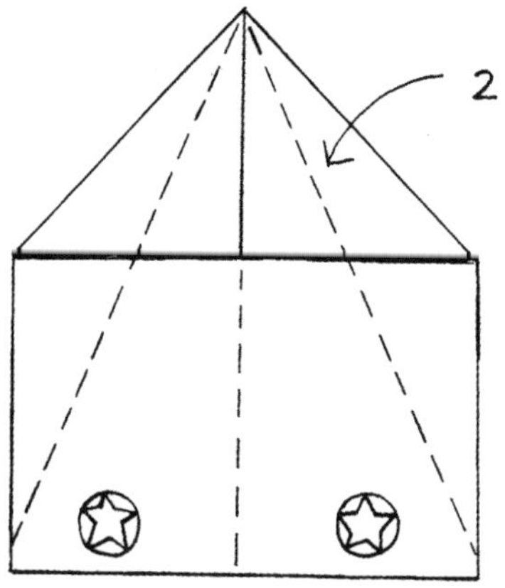

将右上角向内折，对齐中线。

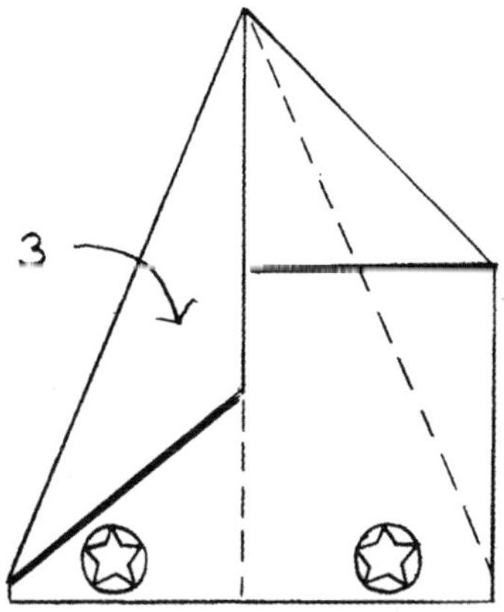

沿左侧的对角虚线再向内折，
对齐中线。

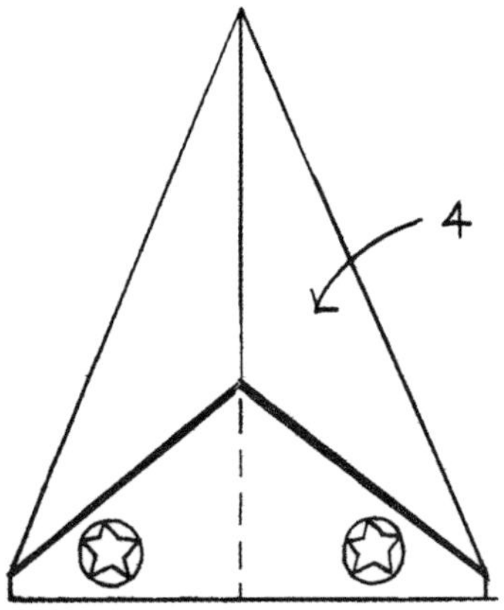

沿右侧的对角虚线再向内折，
对齐中线。

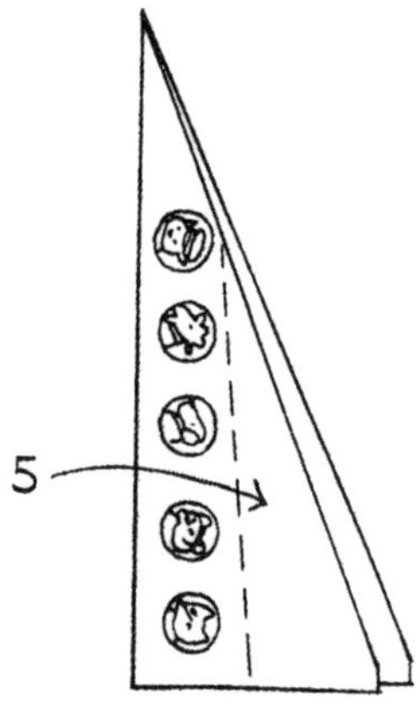

沿中线对折。

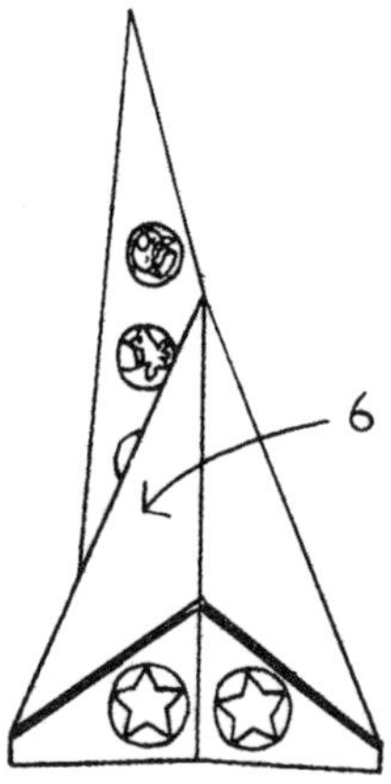

将一只机翼向外折。

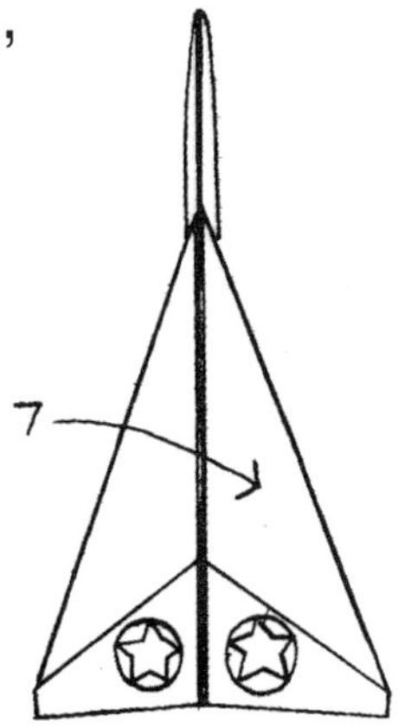

将另一只机翼向外折。

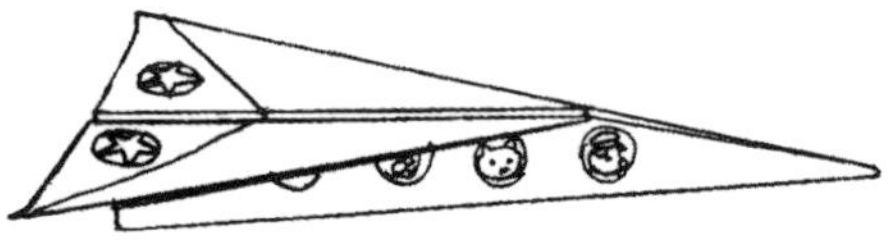

纸飞机做好了。
捏住飞机下部扔出去。
适当调整飞机翼尖与机身的角度，让纸飞机飞得更高更远。

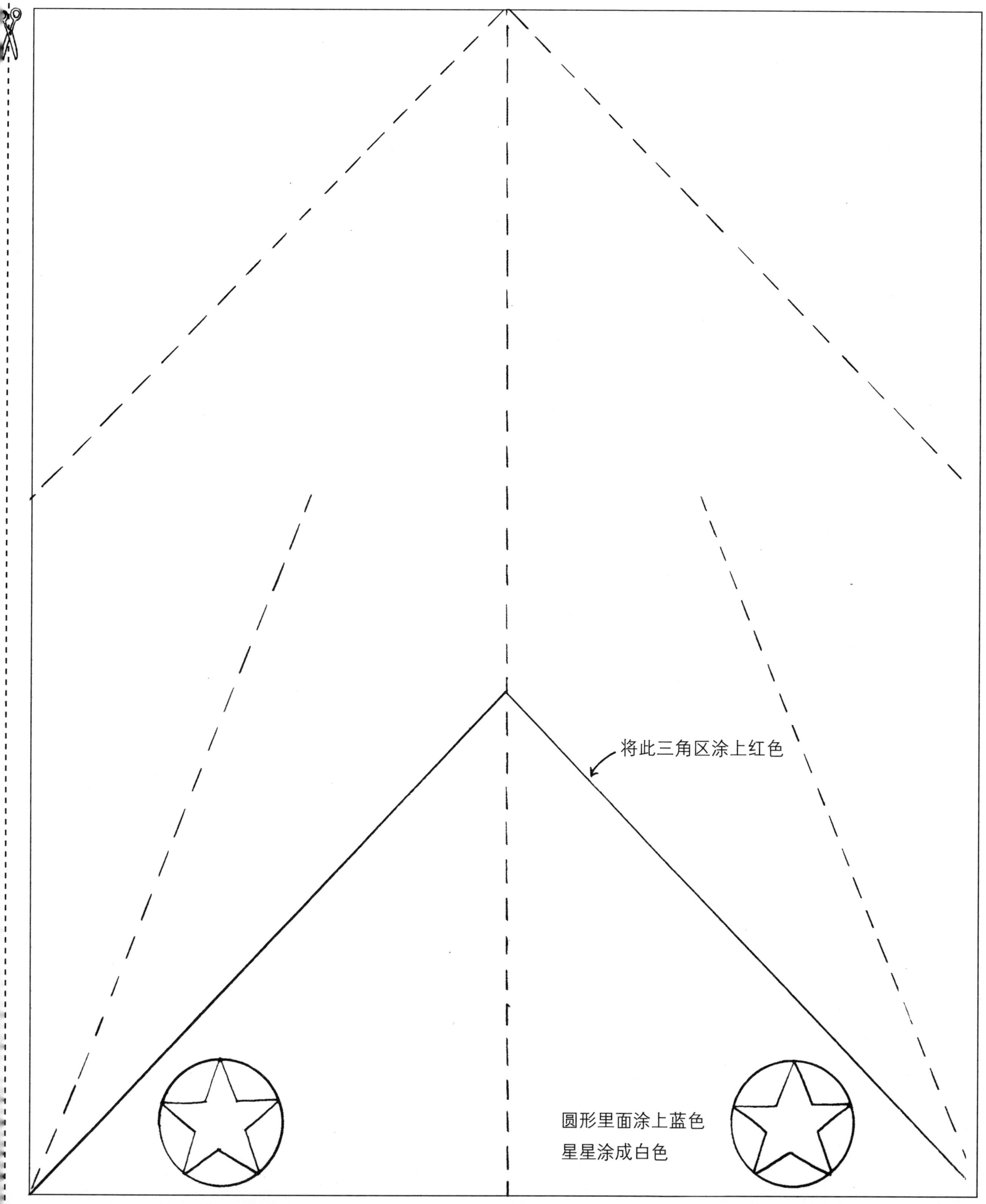
将此三角区涂上红色
圆形里面涂上蓝色
星星涂成白色

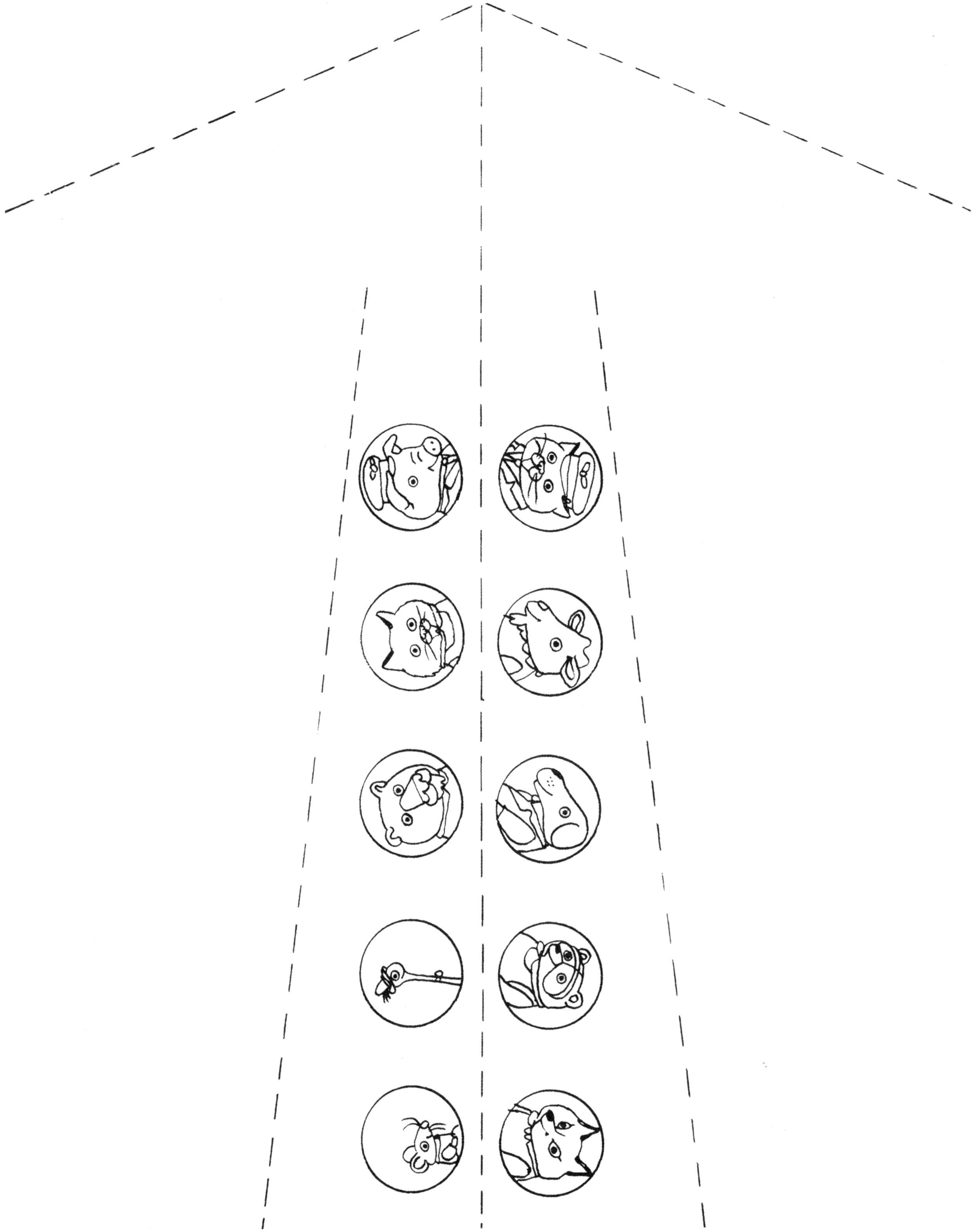

乡村里恬静的一天。

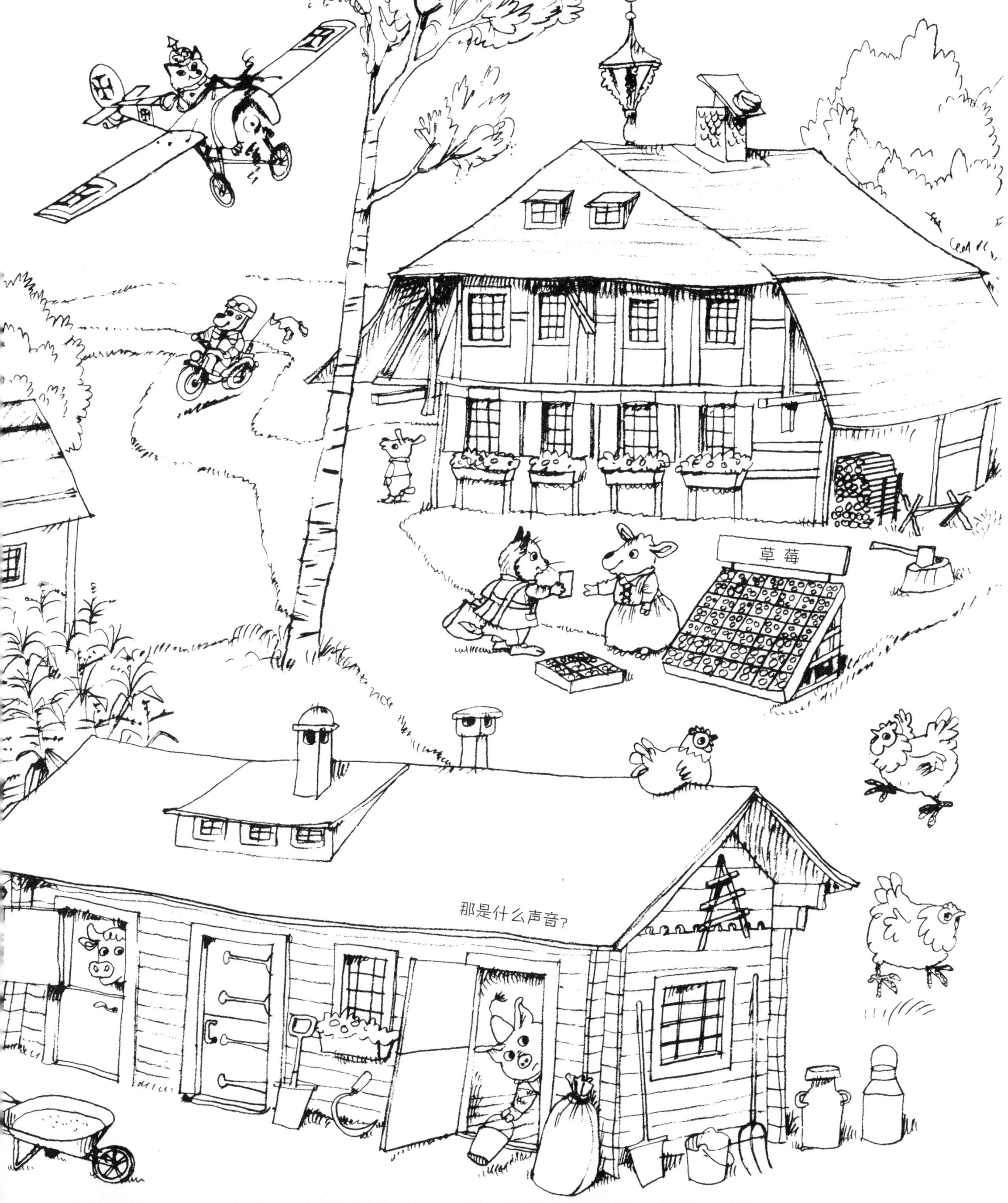

忙忙碌碌镇上，忙忙碌碌的人们。

30天 四月 愚人节 4月1日

星期日	星期一	星期二	星期三	星期四	星期五	星期六
					1	2
3	4	5	6	7	8	9
10	11	12	13	14	15	16
17	18	19	20	21	22	23
24	25	26	27	28	29	30

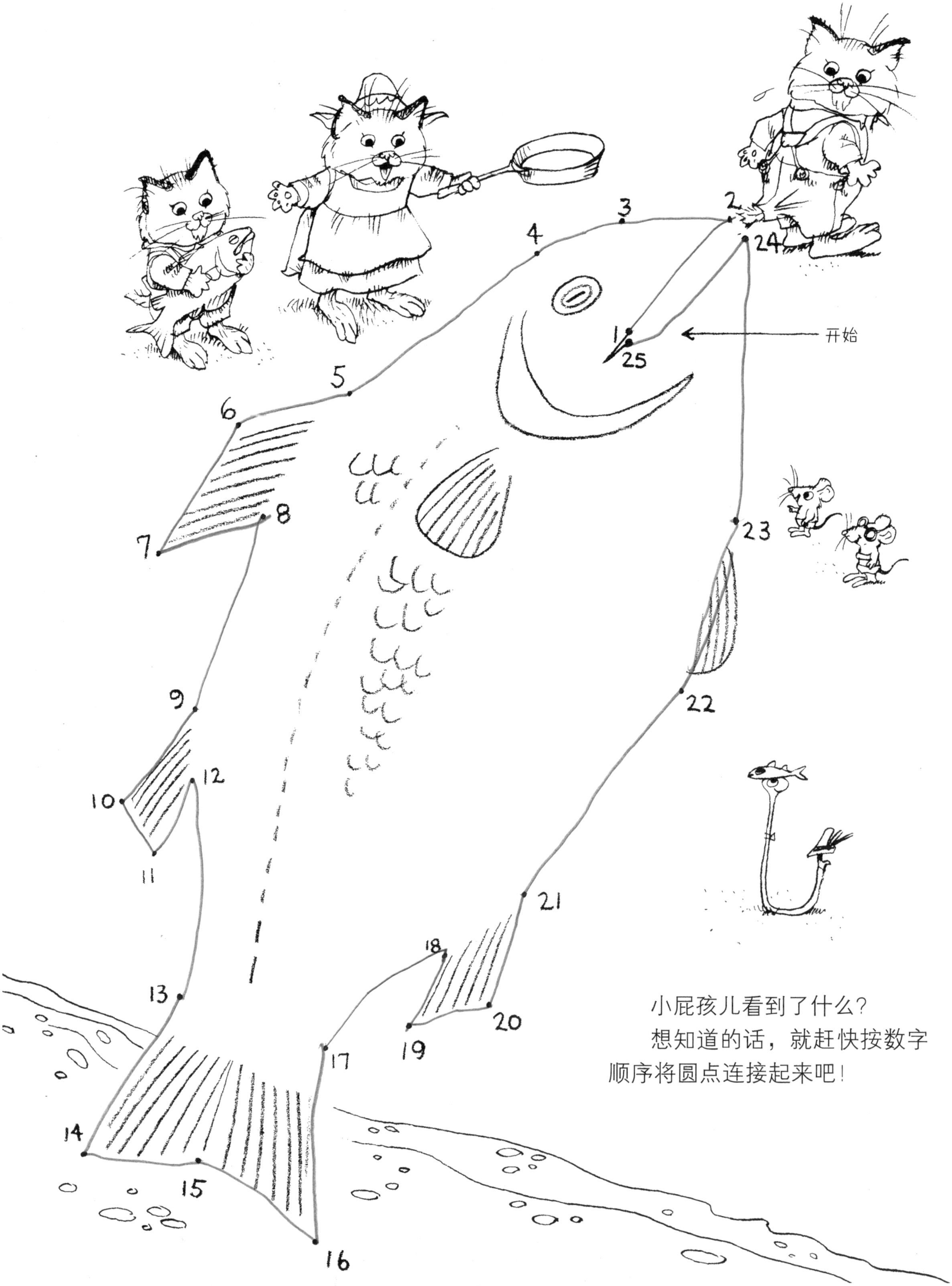

小屁孩儿看到了什么?
想知道的话,就赶快按数字顺序将圆点连接起来吧!

帮大侦探们做伪装

山姆和达利是有名的大侦探。他们常常穿着不同的衣服，伪装自己去办案。有时候，他们伪装成水手，有时候他们打扮成女士。没人能够认出他们来！

请你为山姆和达利涂上颜色，然后沿边缘的黑色实线将它们剪下来。沿虚线将两边向后折，使其立在桌面上。如果想让你的纸偶站得更稳，你可以先将此页粘贴在厚纸或薄的硬纸板上，再将两个纸偶剪下来。

大猫山姆

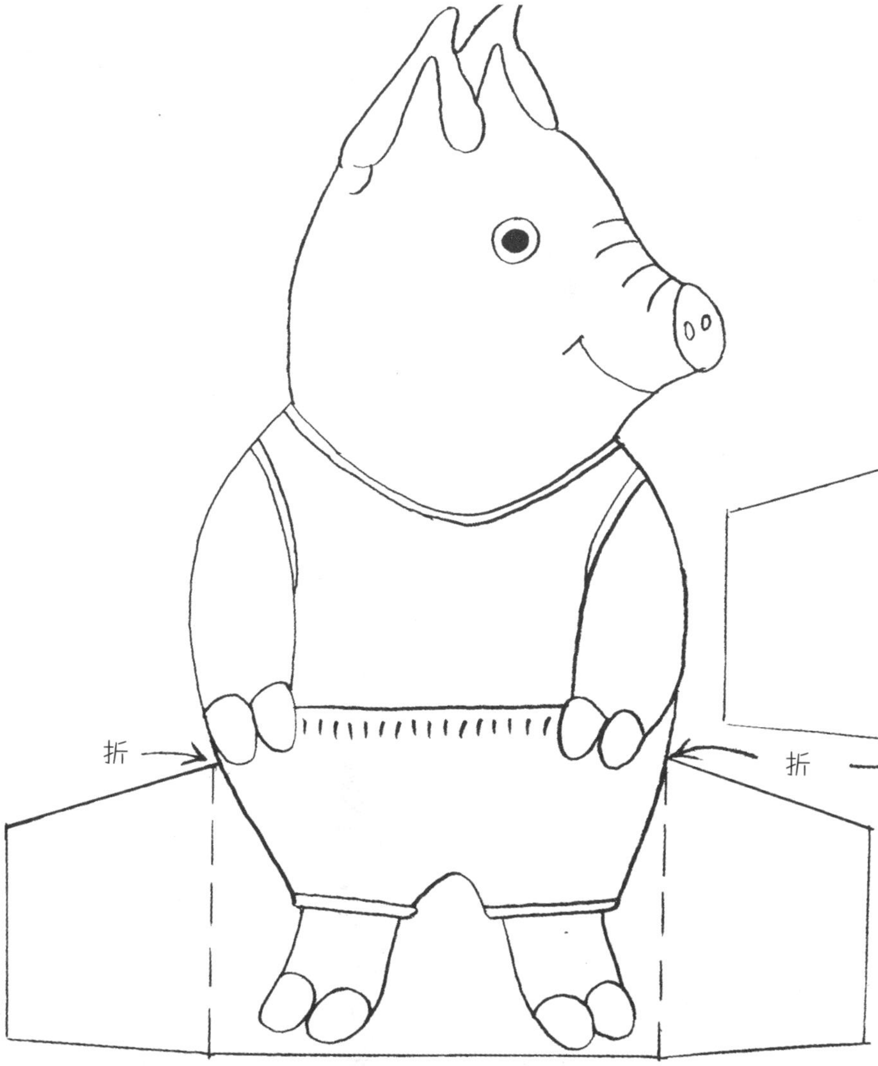

小猪达利

接下来的三页都是山姆和达利伪装时所用的服装，为它们涂上颜色，并将它们剪下来，沿虚线将它们两侧的标签向后折。然后，你就可以用它们来帮山姆和达利做伪装了。

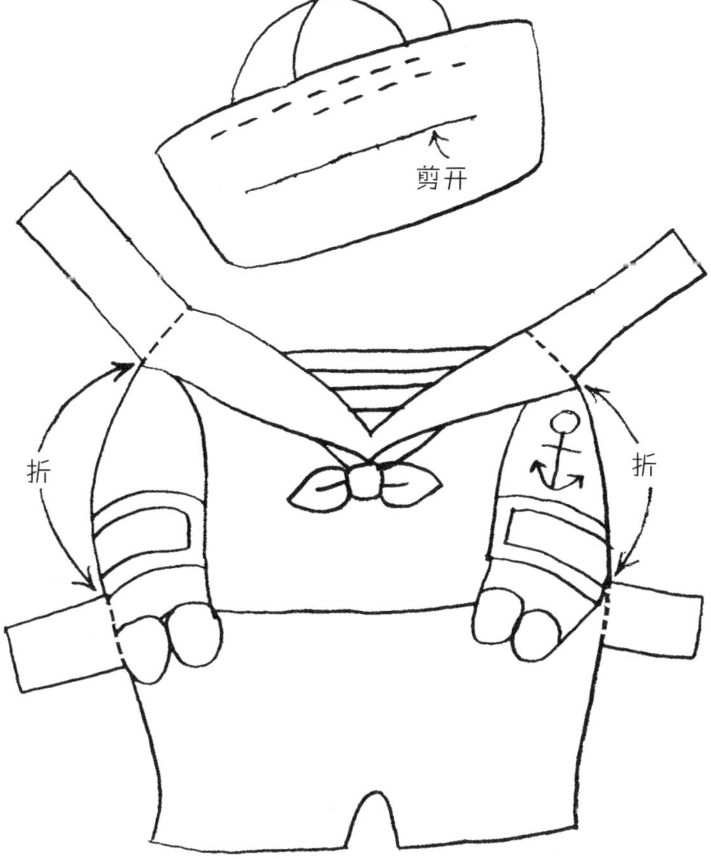

水手

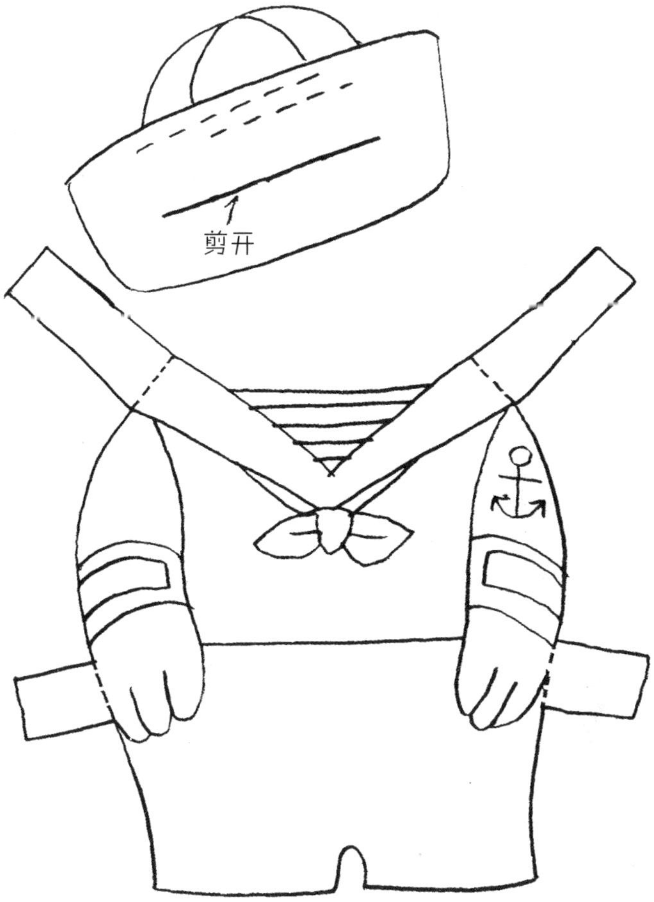

水手

便衣

便衣

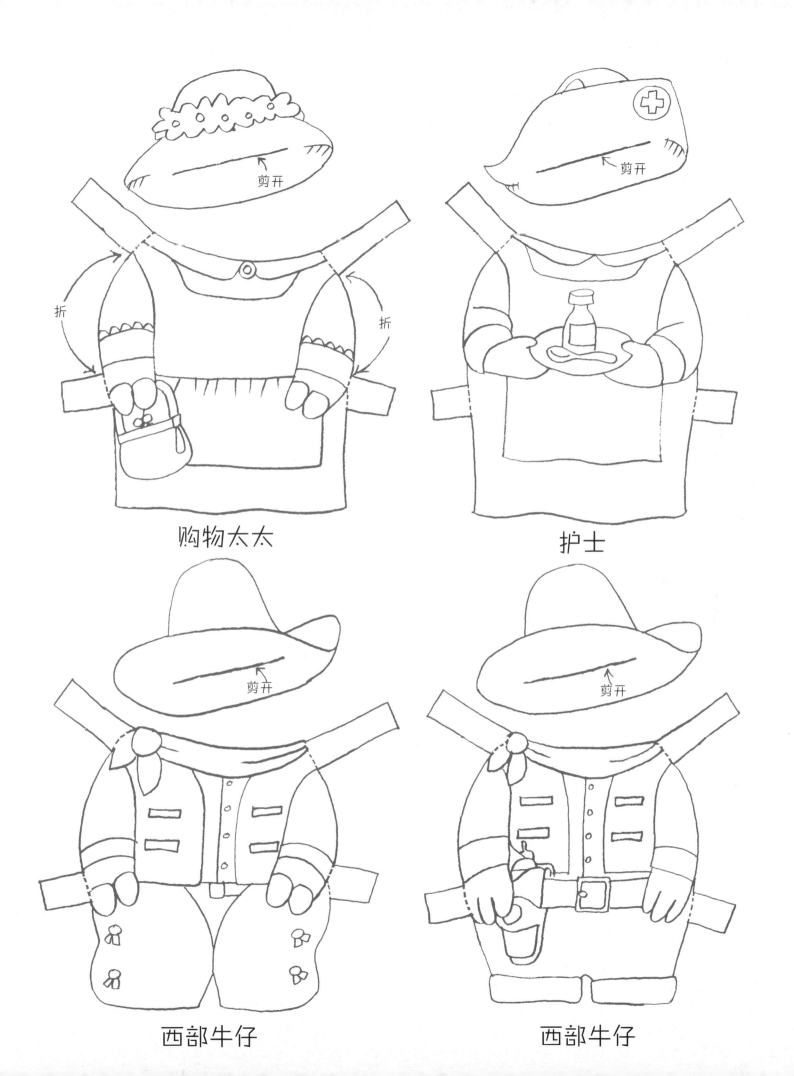

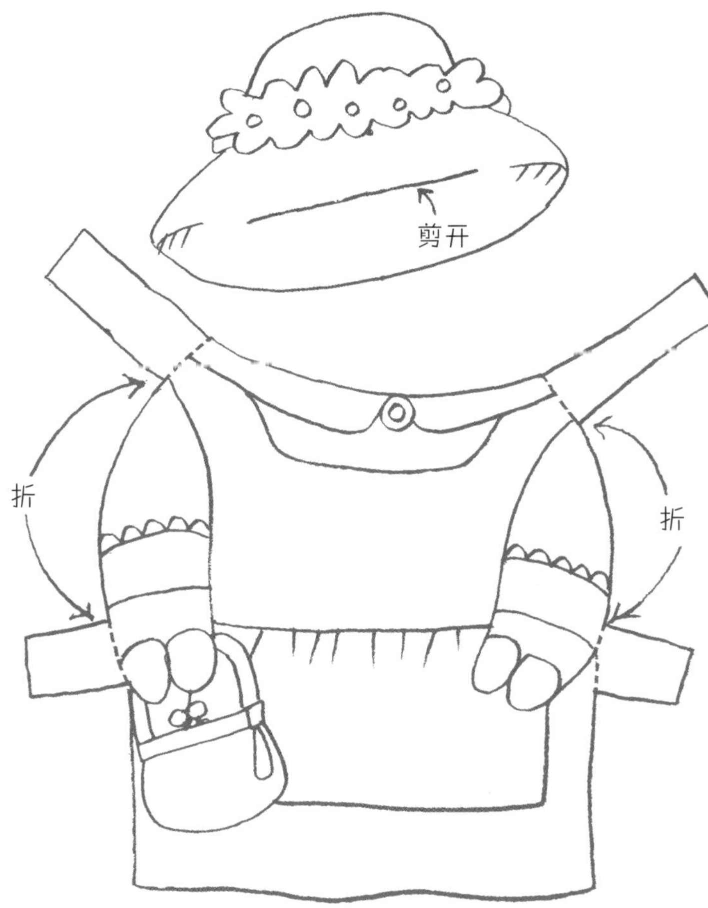

购物太太

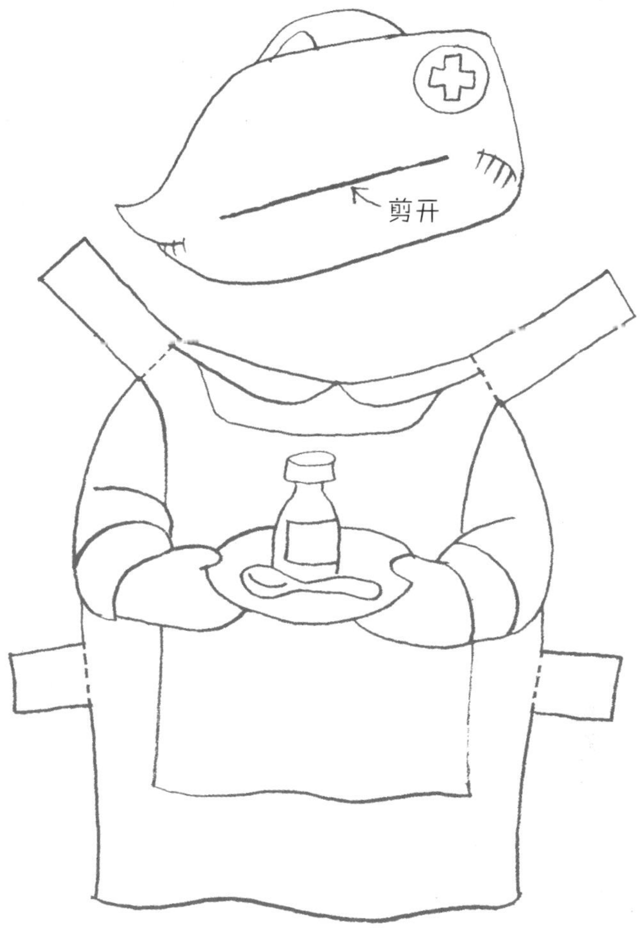

护士

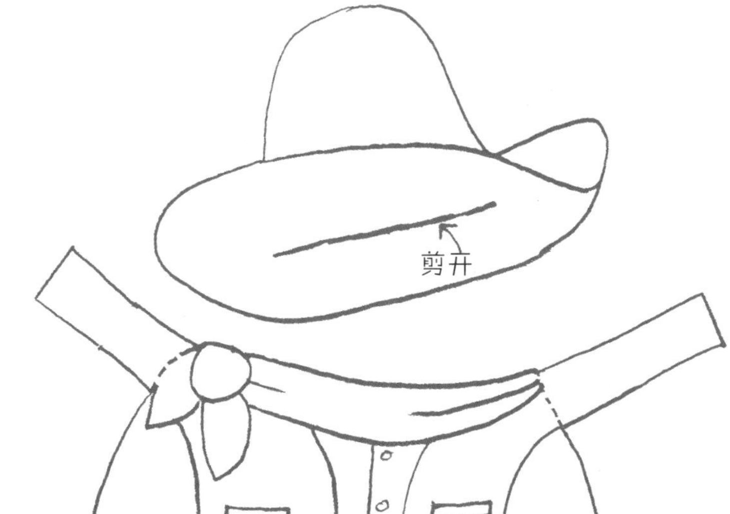

西部牛仔

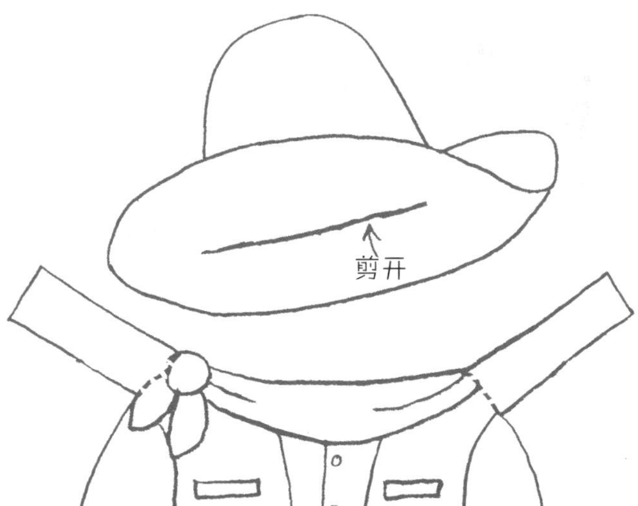

西部牛仔

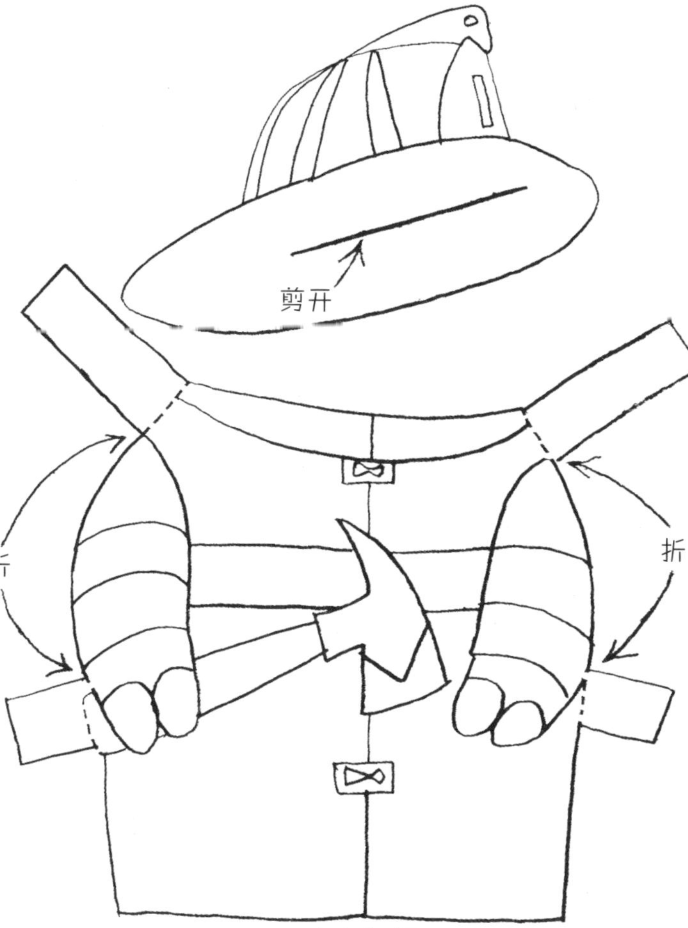

消防员

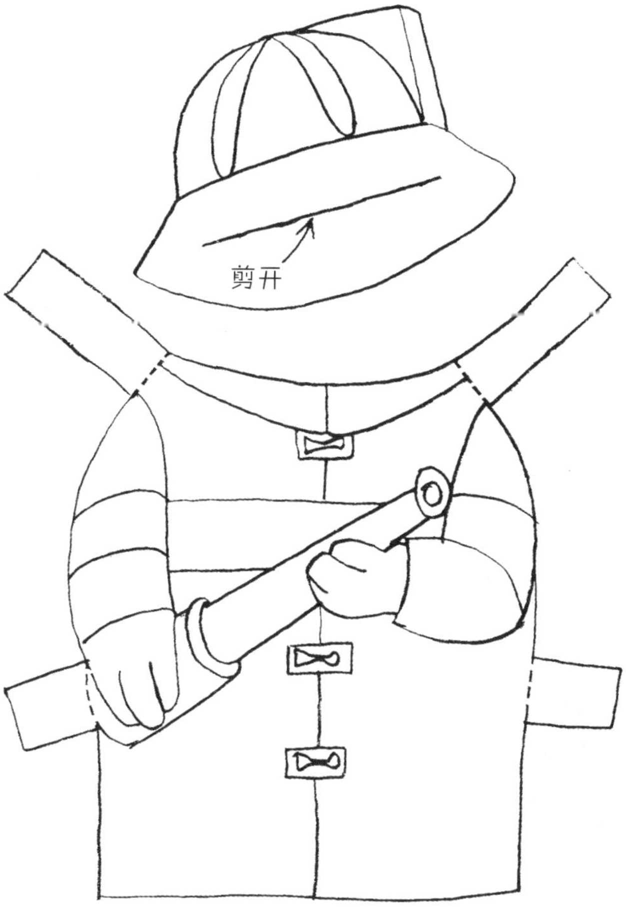

消防员

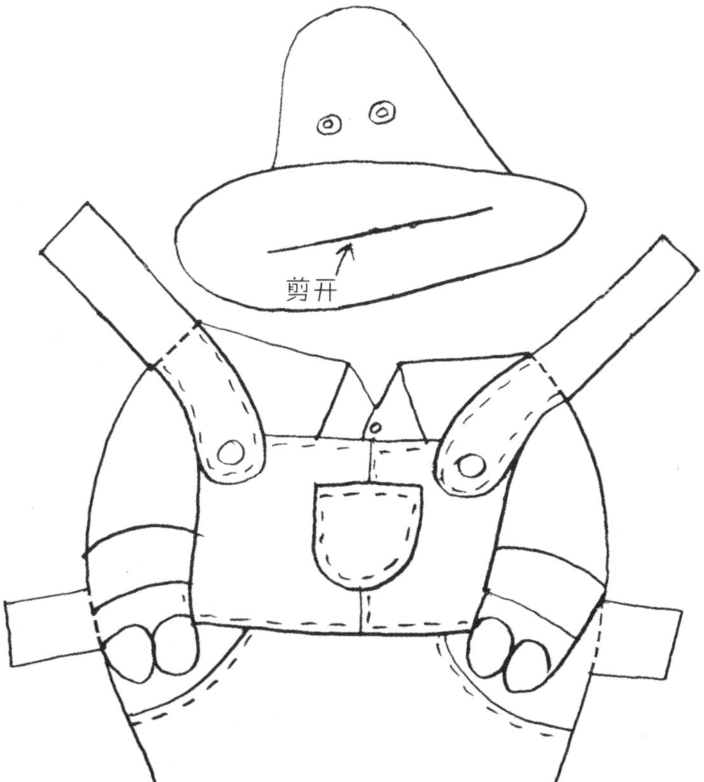

农民

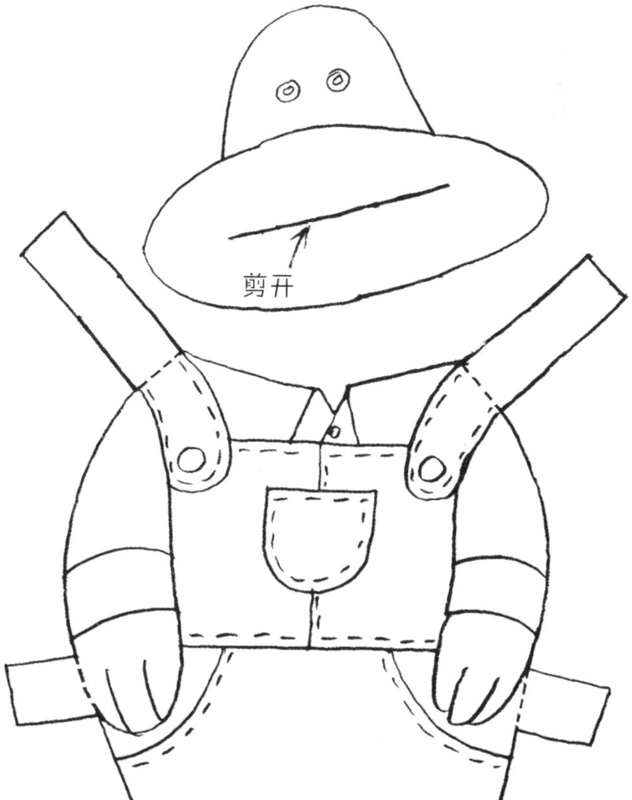

农民

31天　　五月　　劳动节 5月1日　青年节 5月4日

星期日	星期一	星期二	星期三	星期四	星期五	星期六

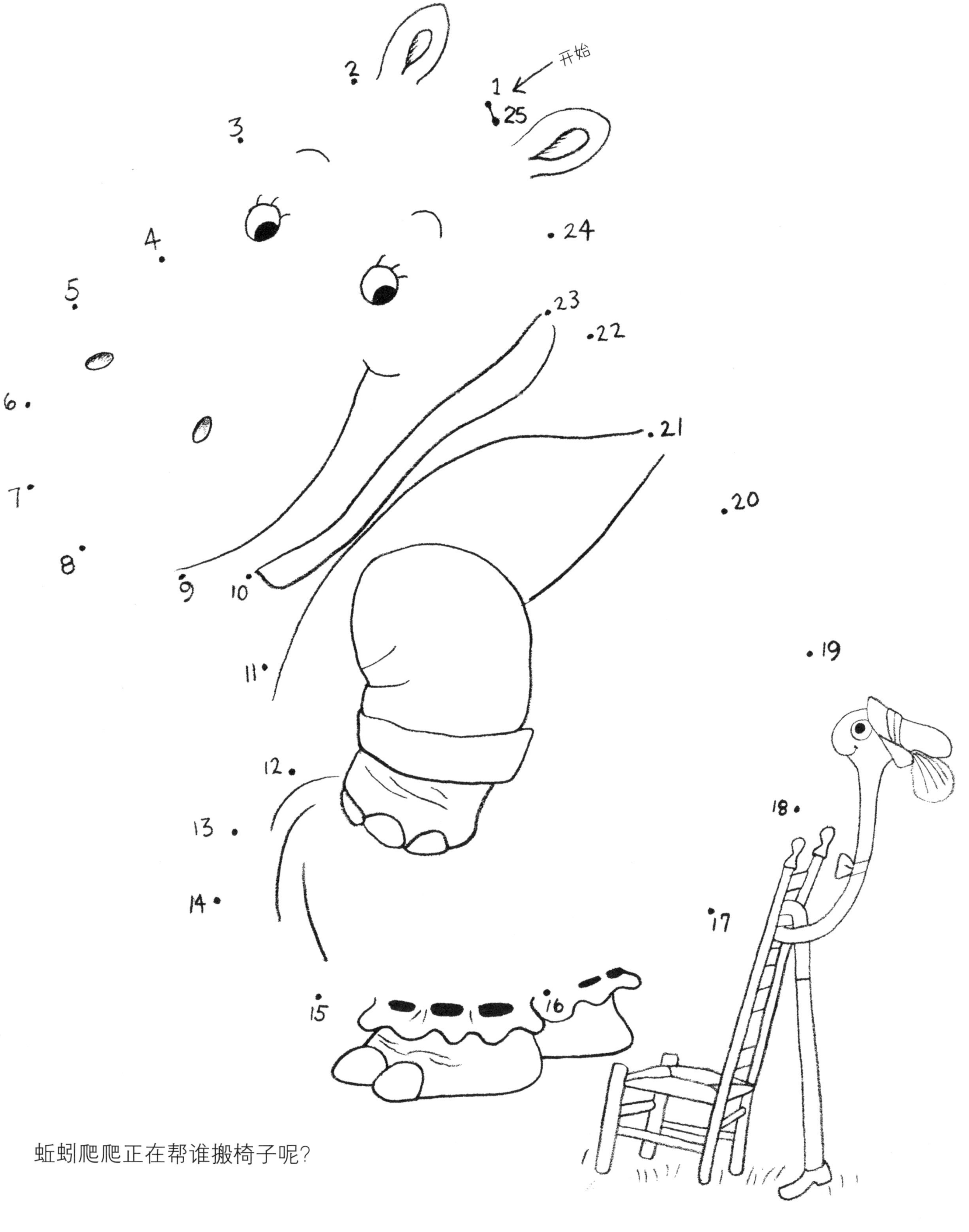

蚯蚓爬爬正在帮谁搬椅子呢?

手指木偶

给下面的手指木偶涂上颜色，然后沿边缘实线剪下来。
将木偶下部的纸条绕手指一圈，并将纸条两端粘贴起来。
摆动手指，让指偶们动起来，互相对话吧！

多么可口的晚餐啊!

农夫猫喜欢开拖拉机。

母亲节贺卡

五月的第二个星期日是母亲节。做一张特别的母亲节贺卡送给你的妈妈吧。

为卡片上的图画涂上颜色。然后，沿此面的外缘实线剪下卡片，再沿虚线向外对折。

在贺卡内外都写上你的名字。

← 折

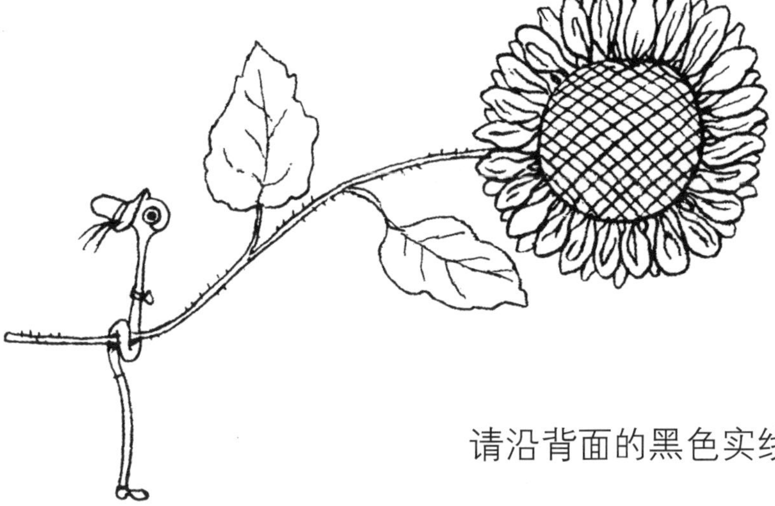

请沿背面的黑色实线剪下卡片。

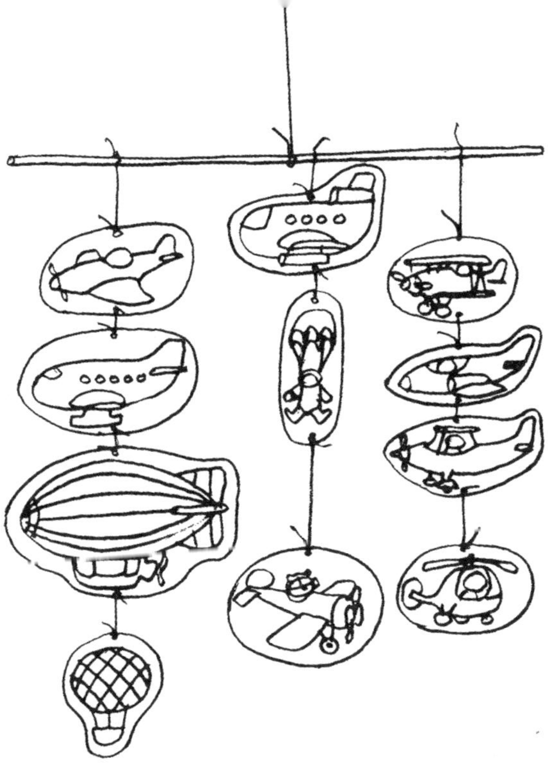

飞机风铃

将此页和下一页的飞机两面都涂上颜色。

沿外缘线将这些飞机剪下来。

用铅笔轻轻地在飞机上钻孔。

用线或绳子将飞机连接起来，如左图所示。

把一串串的飞机挂在木棍或晾衣架上，让它们随风摇摆。

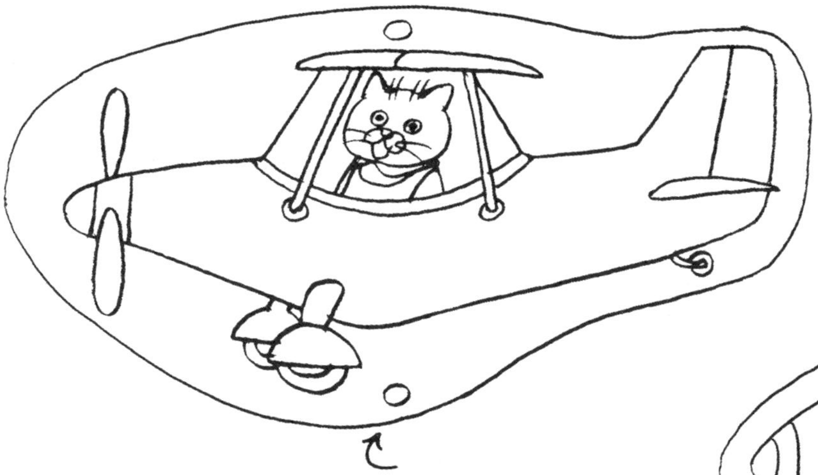

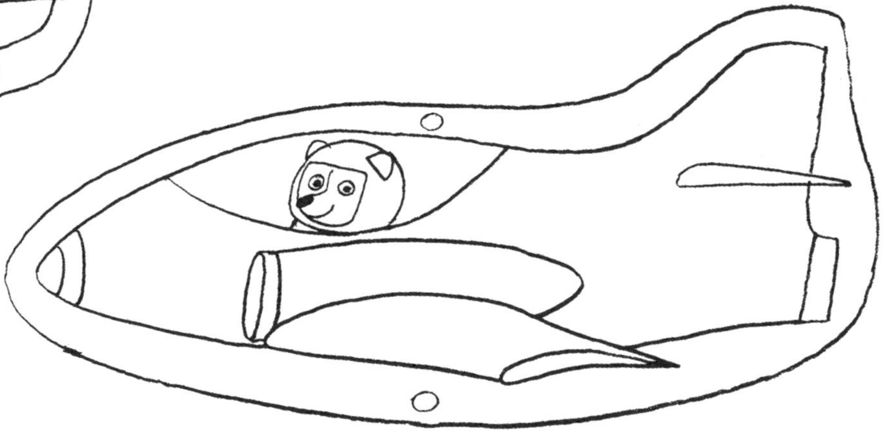

在所有的圆圈处钻孔

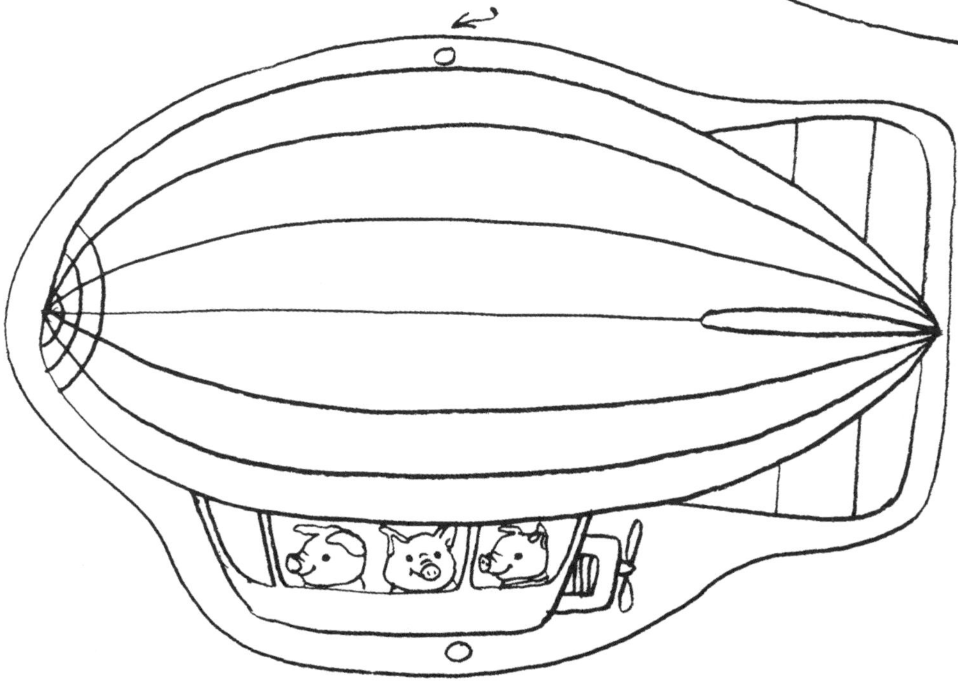

提醒：请沿背面的黑色实线剪下卡片。

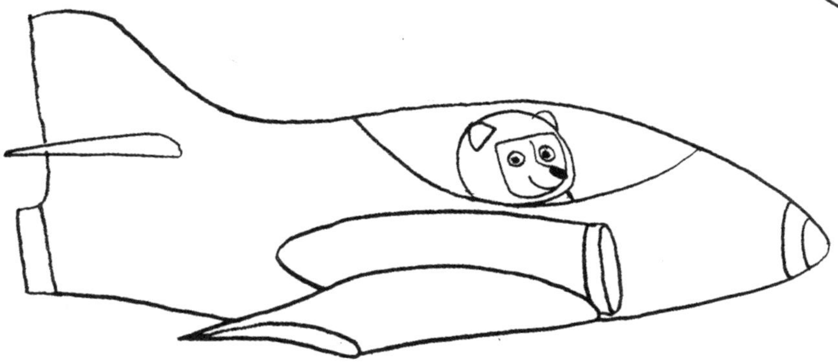

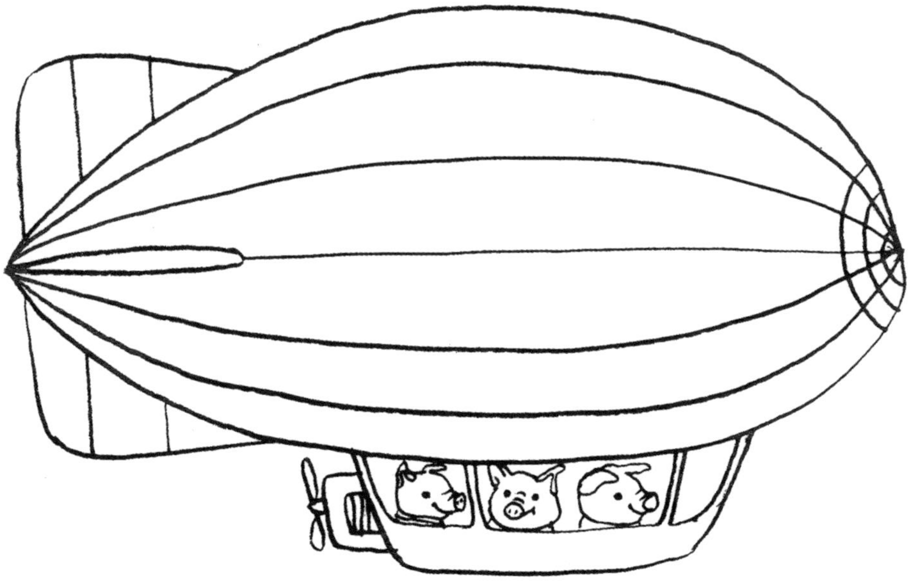

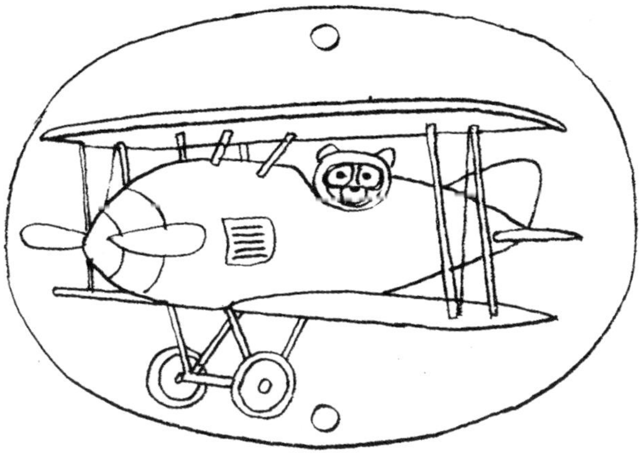

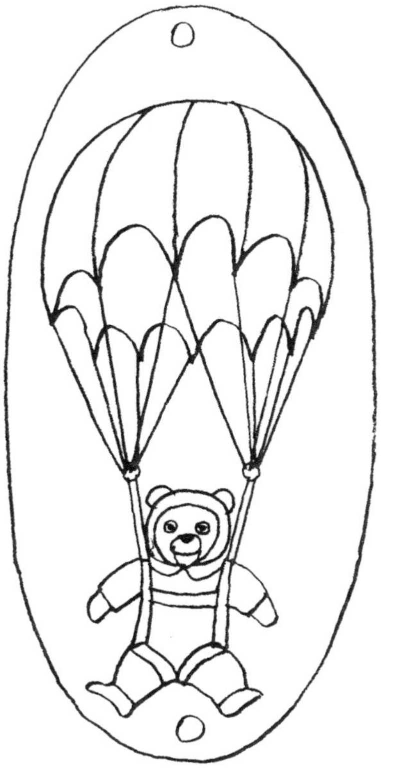

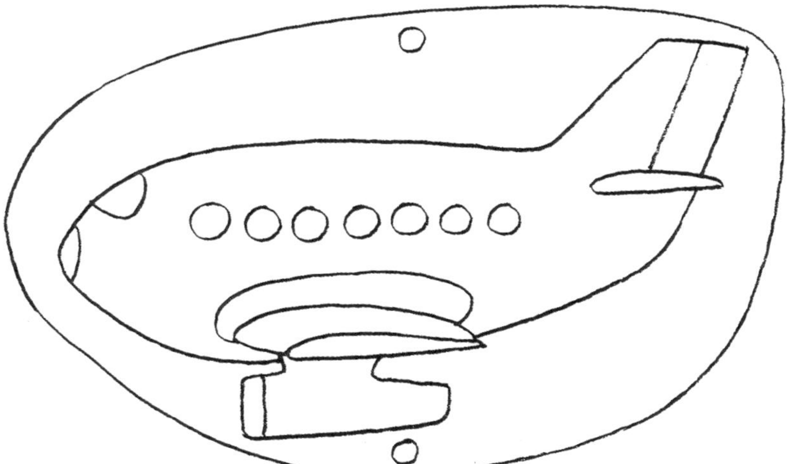

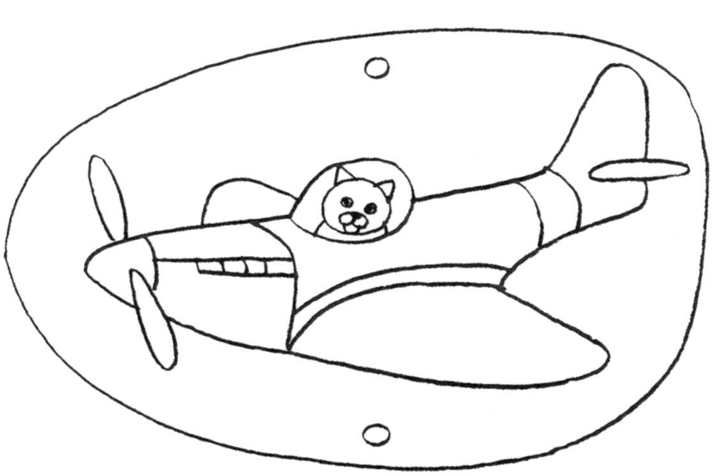

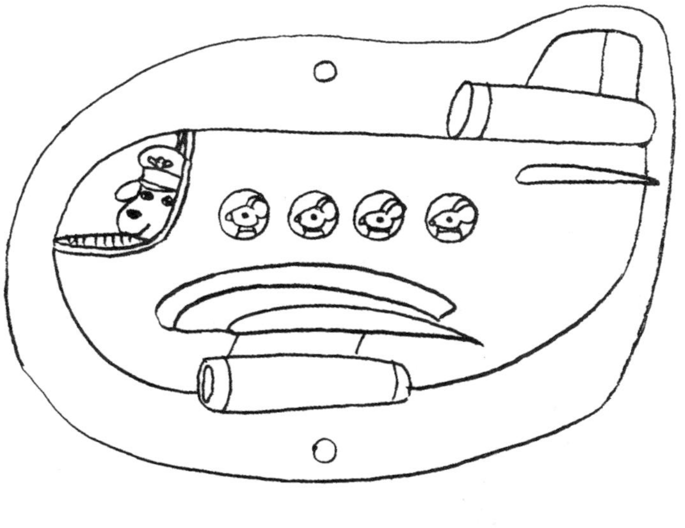

提醒：请沿背面的黑色实线剪下卡片。

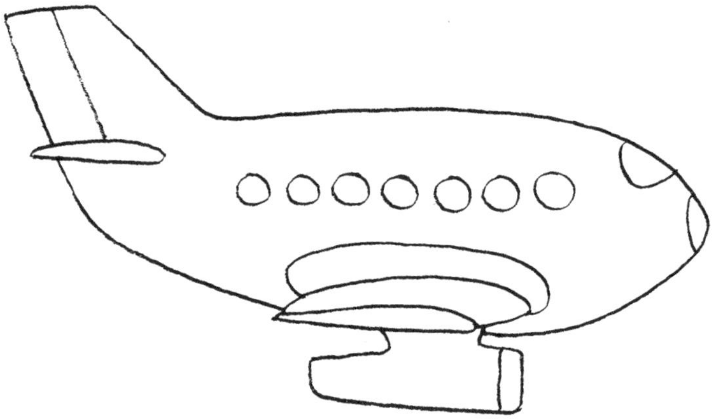

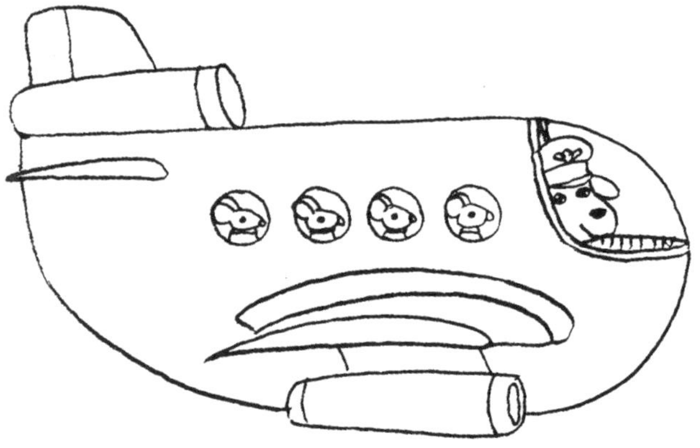

早早鸟遇见巴尼兔。

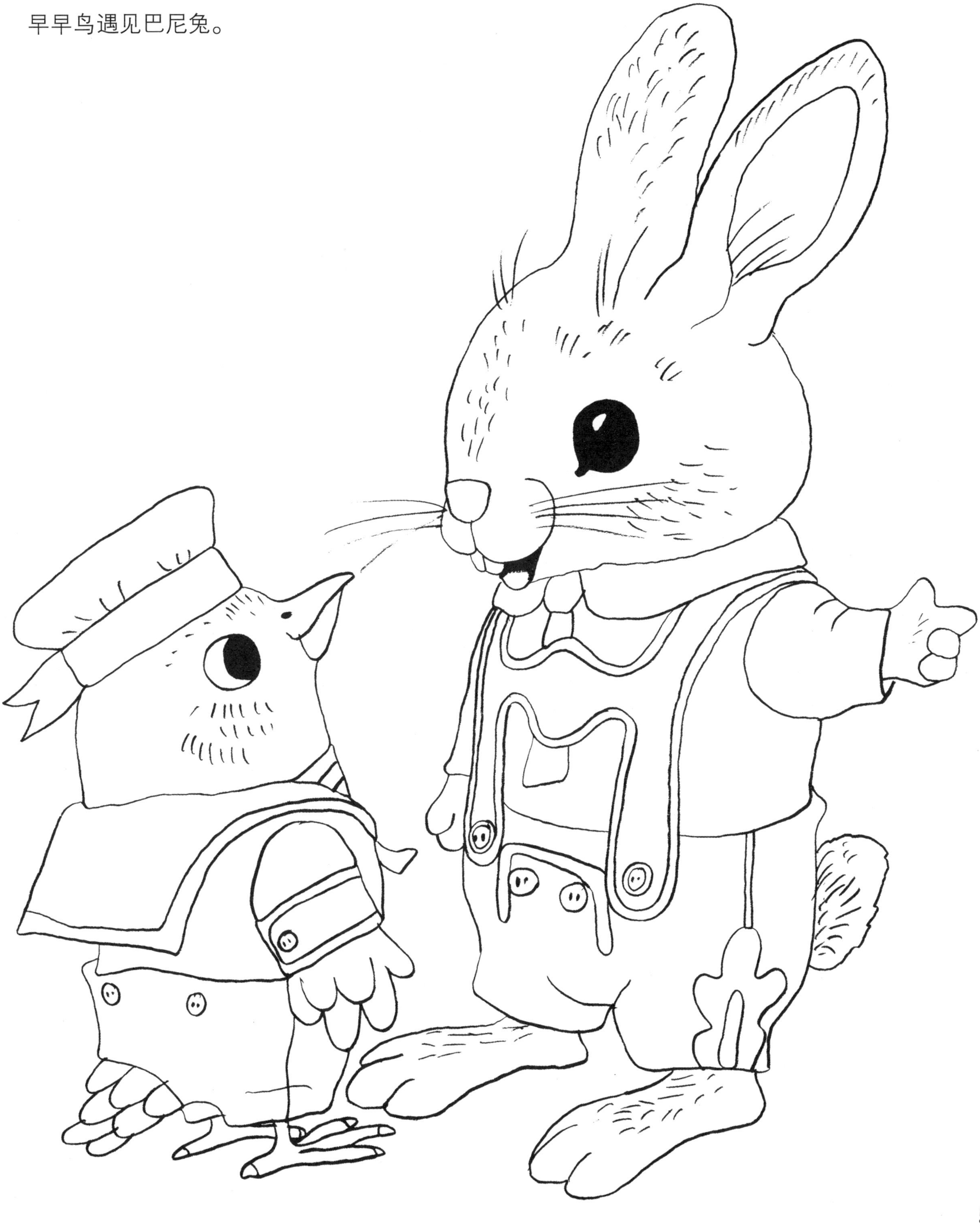

阳光灿烂的海滨!

30天 六月 儿童节 6月1日

星期日	星期一	星期二	星期三	星期四	星期五	星期六

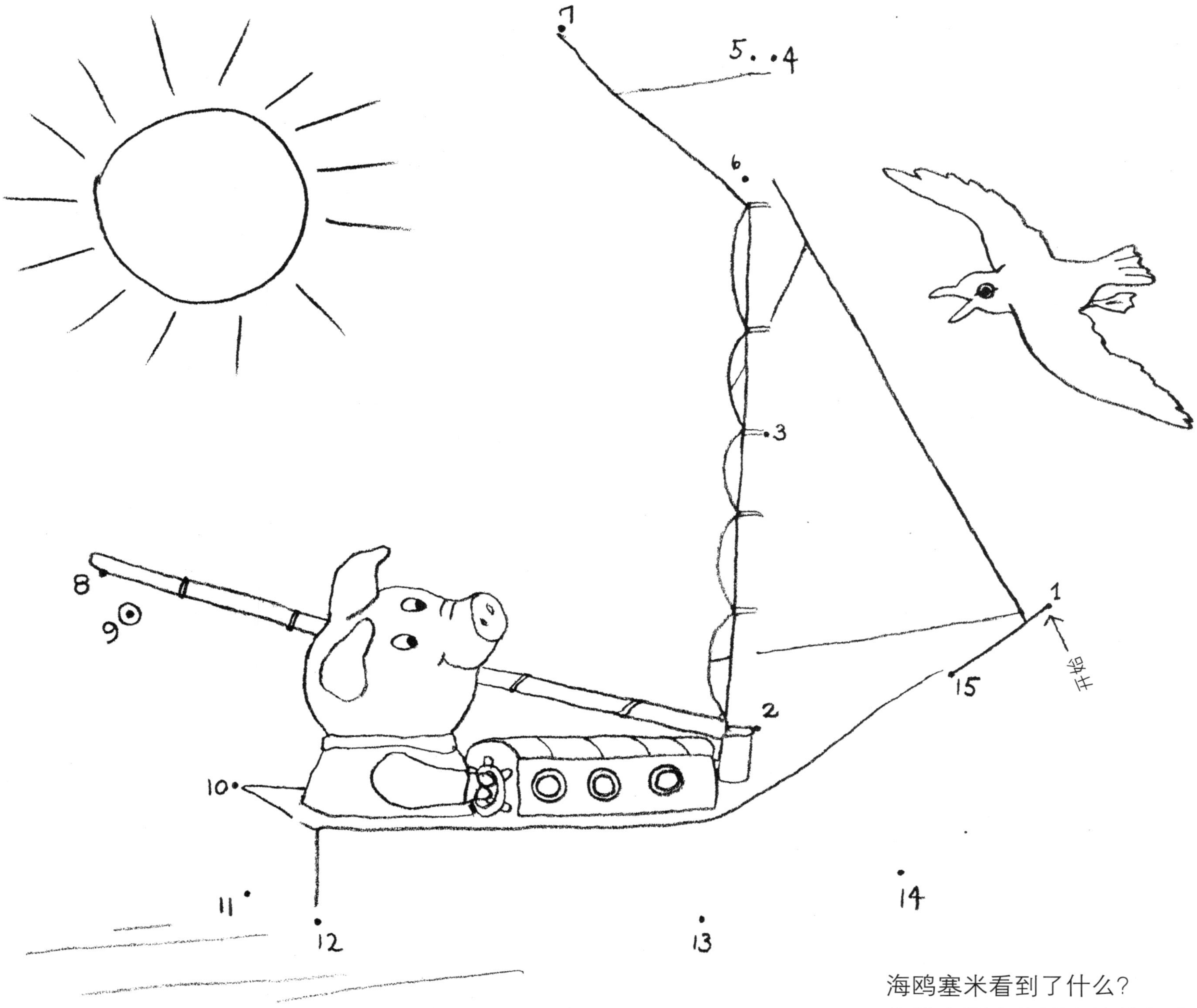

海鸥塞米看到了什么?
按数字顺序将圆点连接起来。

制作小镇模型

为本页和接下来两页上的卡片涂上颜色。然后将它们沿外缘实线剪下来，沿虚线折叠。

你就会得到一个个立体的建筑物盒子。先将侧面的“粘贴处”涂抹胶水，插进盒子内侧，粘牢。再将顶部的“粘贴处”插进盒子内侧，粘牢。

用这些建筑物组成一座小镇。再将汽车、树木立在建筑物周围。

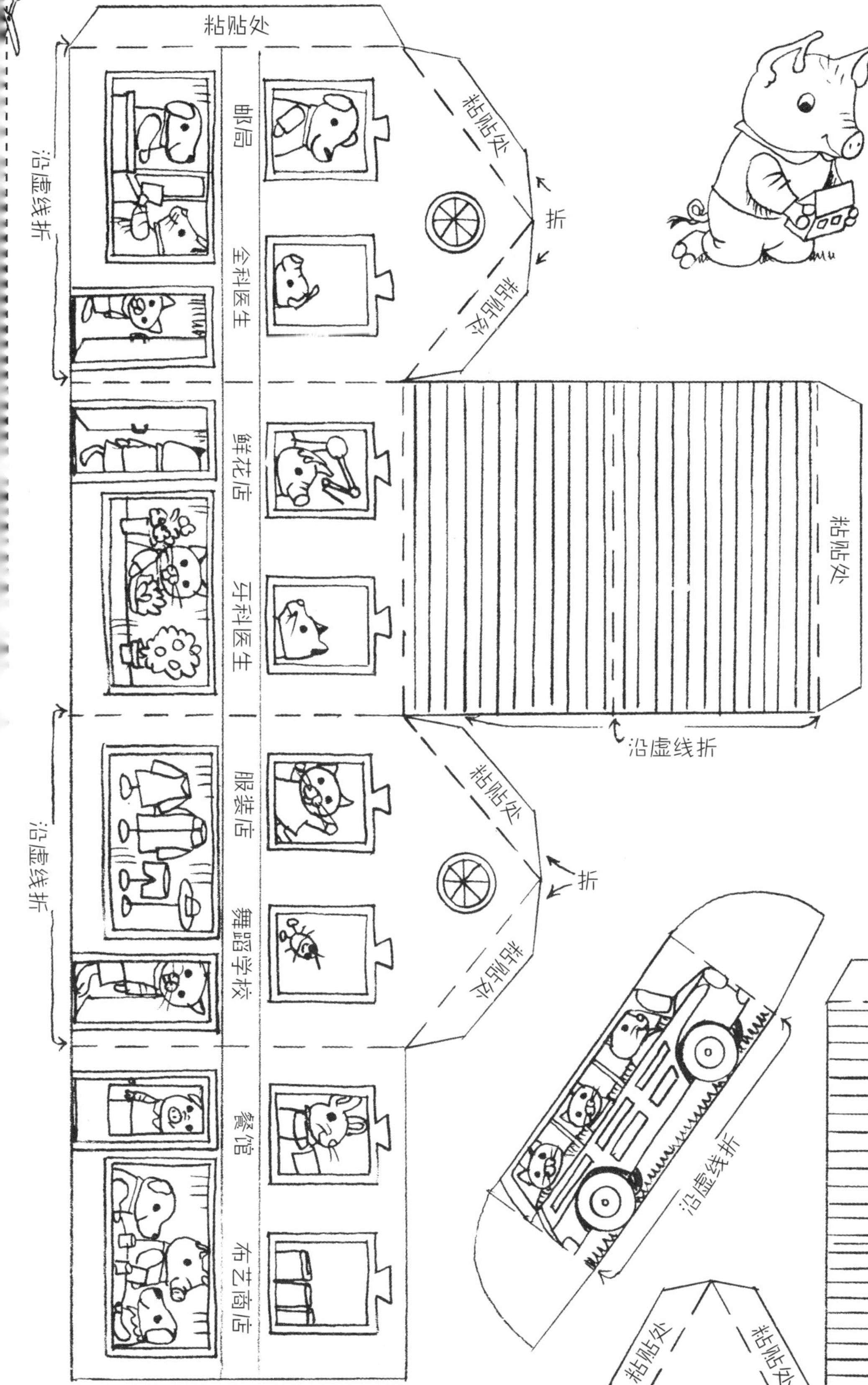

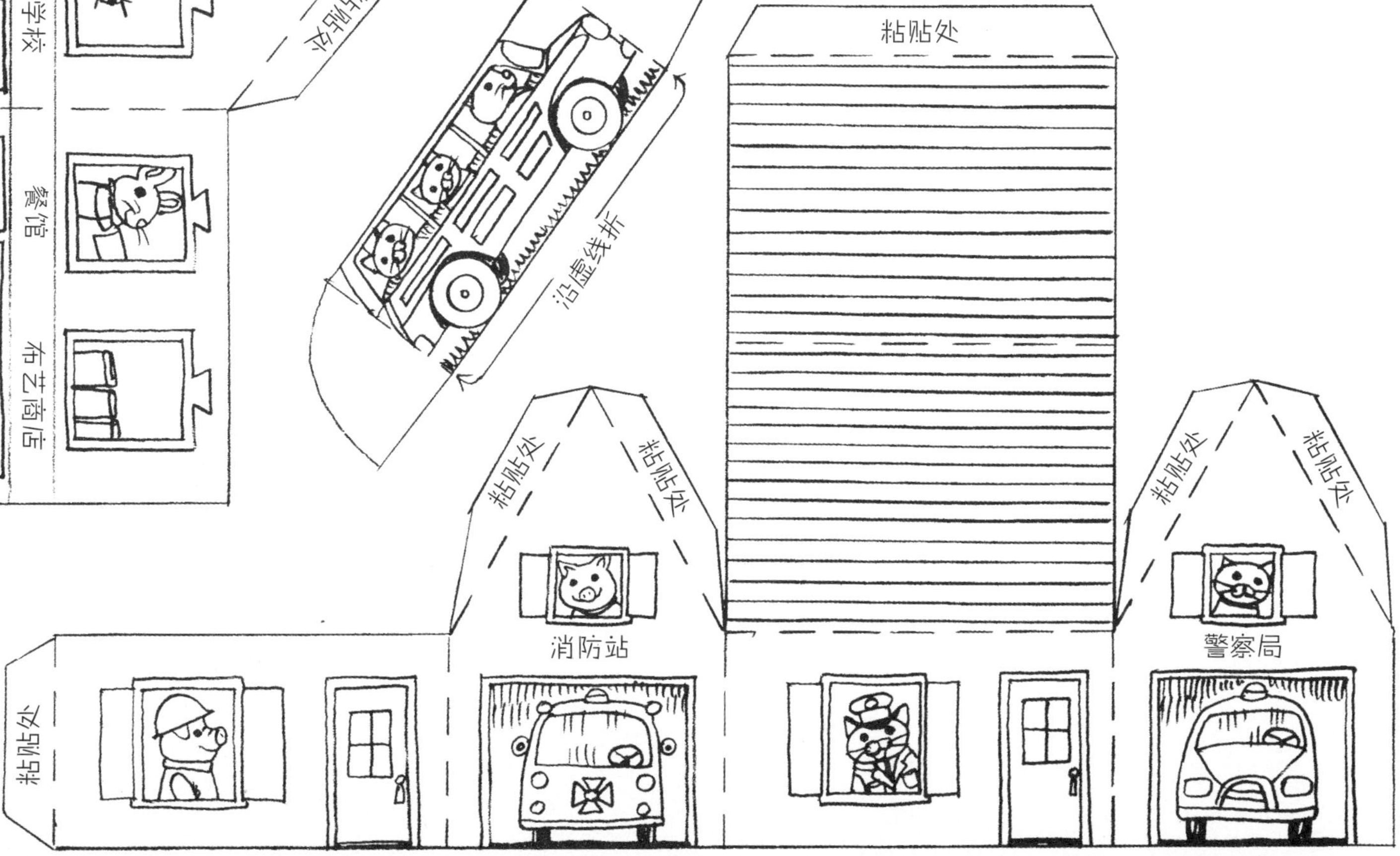

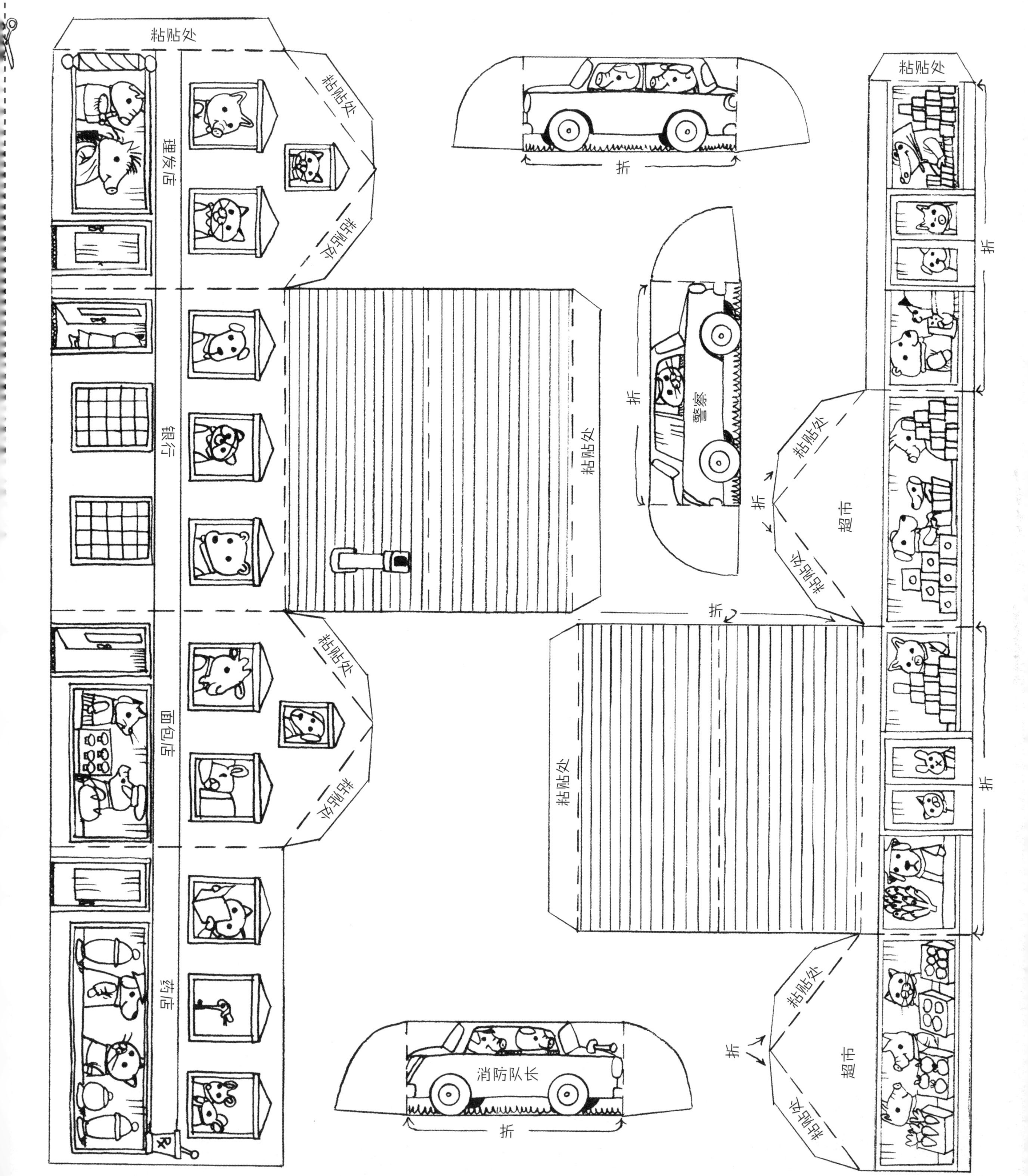
粘贴处
理发店
银行
面包店
药店
粘贴处
折
警察
消防队长
超市
超市

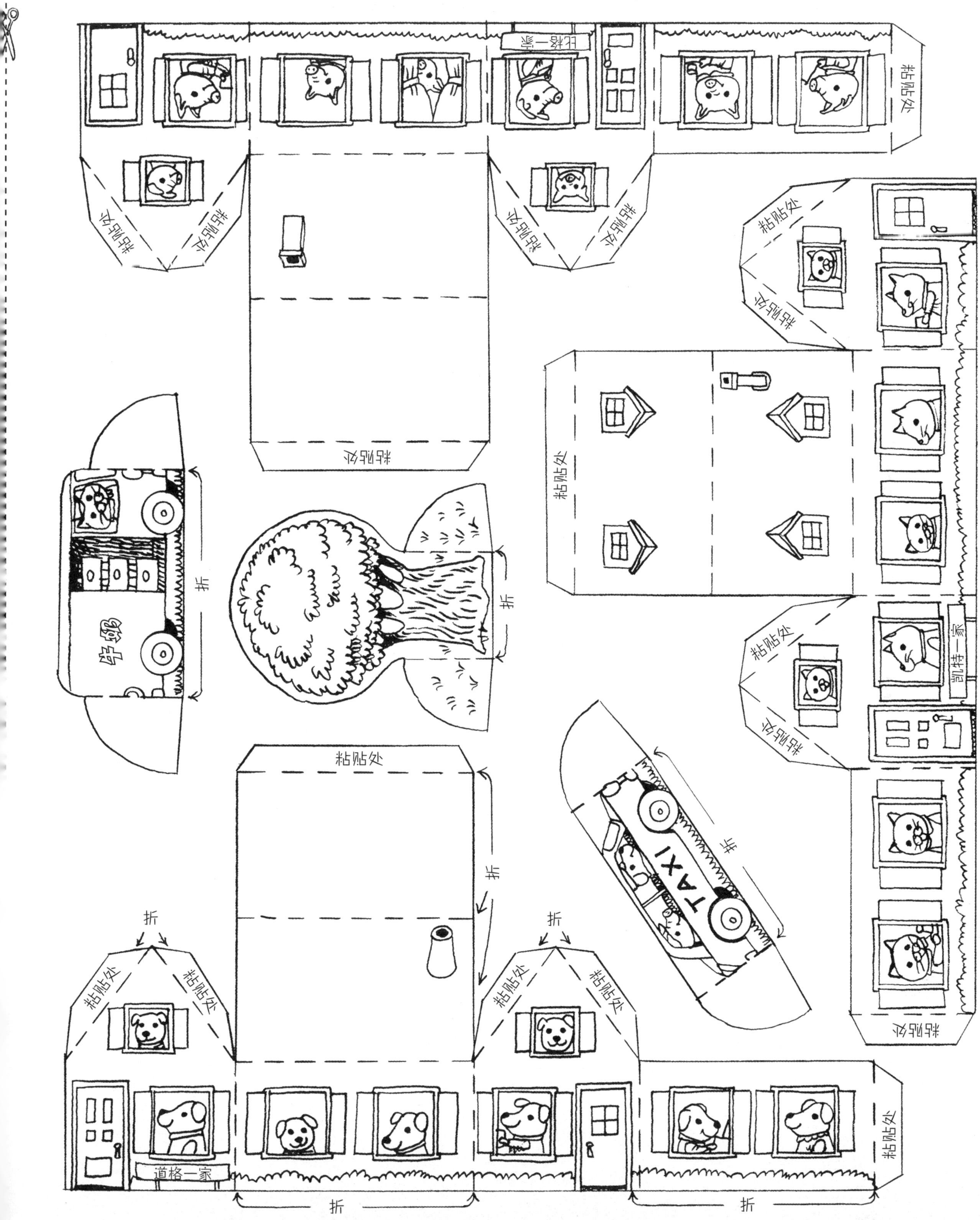

比格一家
凯特一家
道格一家
牛奶
TAXI
粘贴处
折

父亲节贺卡

六月的第三个星期日是父亲节。做一张有趣的贺卡送给你的爸爸，给他一个惊喜吧。

为卡片正反面的图画涂上颜色。然后，沿此面的外缘实线剪下卡片，再沿虚线向外对折。在贺卡里面签上你的名字。

看呵，多棒的卡片！

折

请沿背面的黑色实线剪下卡片。

父亲节快乐

______________ 贺

31天			七月			中国共产党的生日 7月1日
星期日	星期一	星期二	星期三	星期四	星期五	星期六

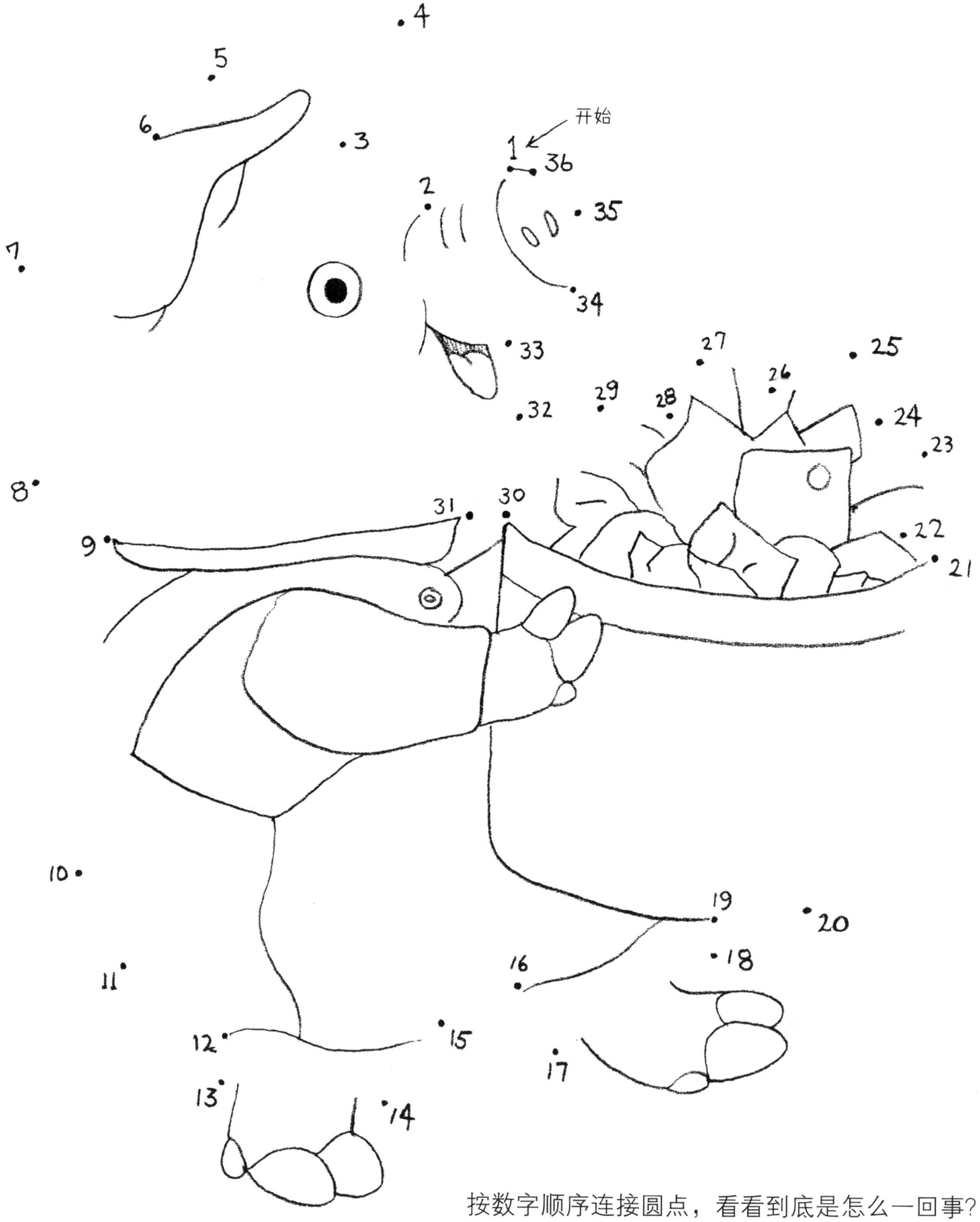

按数字顺序连接圆点，看看到底是怎么一回事？

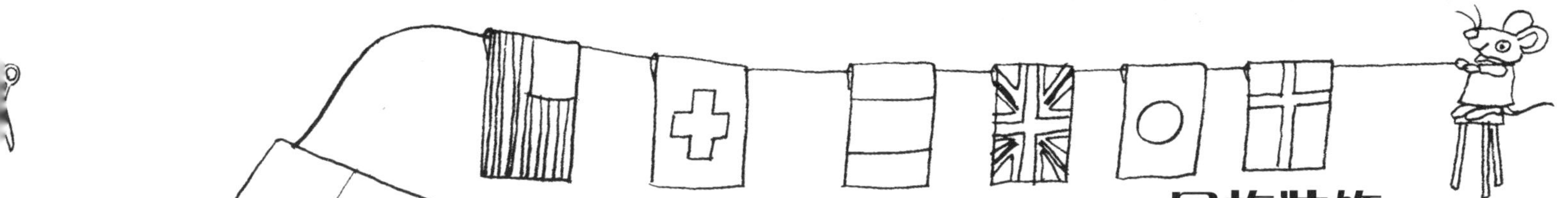

国旗装饰

将此页和下一页上的国旗按要求涂上颜色。再将它们剪下来。

沿虚线向后对折，挂在一根长绳上，然后，将对折的部分贴牢。

等把所有国旗都粘在绳子上以后，如左图所示，你就可以把它作为装饰挂在房间里了。

标“白”处不需填色。

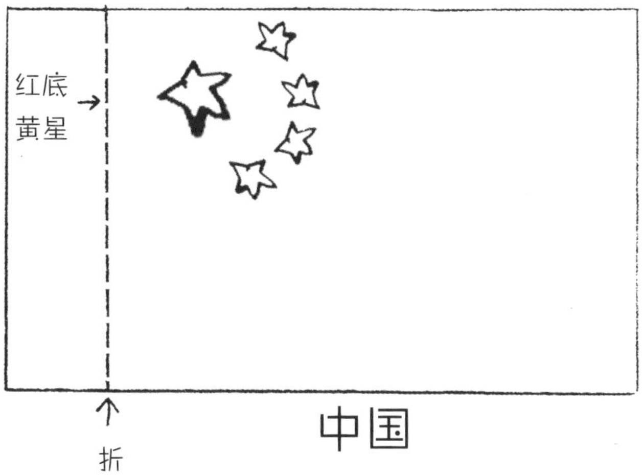

中国

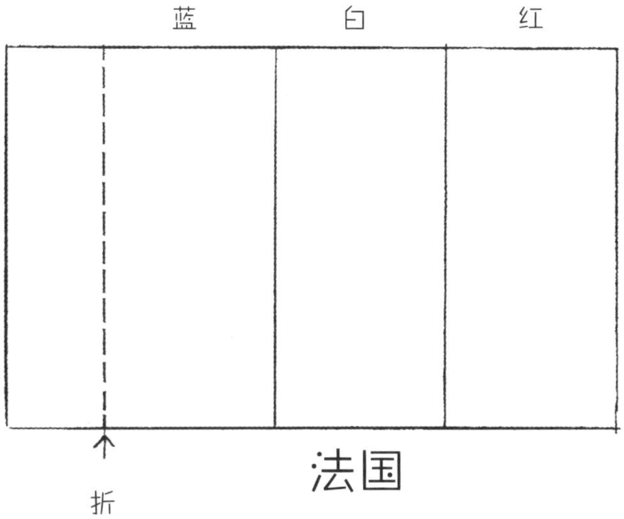

法国

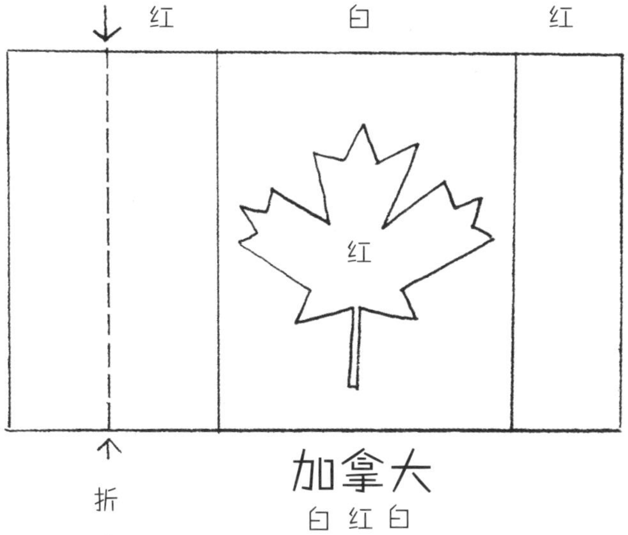

加拿大

美国

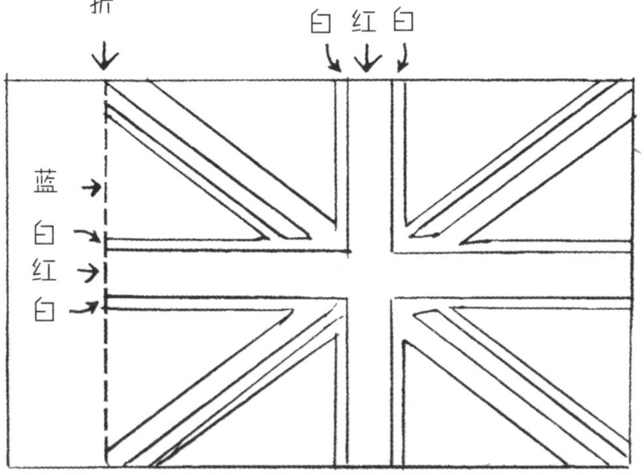

英国

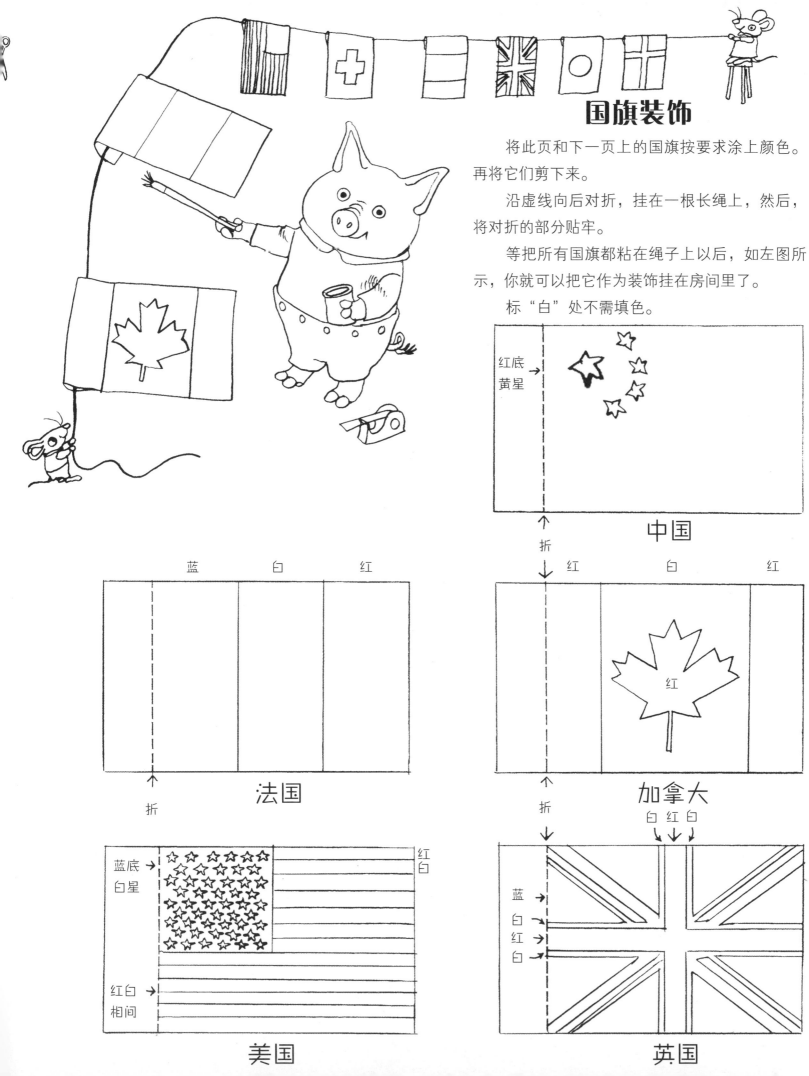

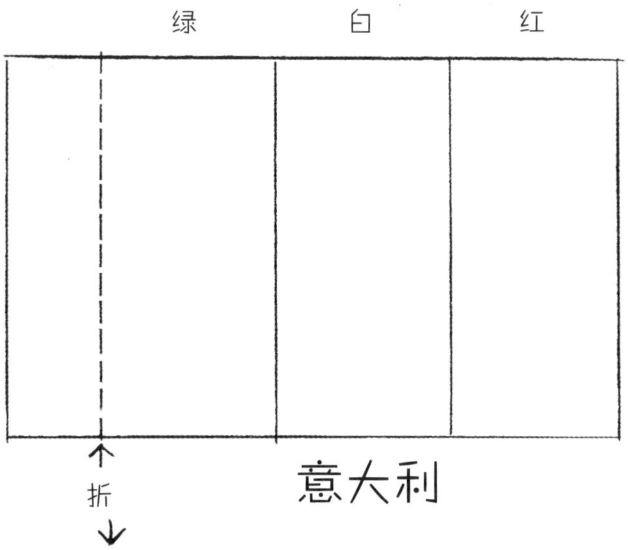

意大利

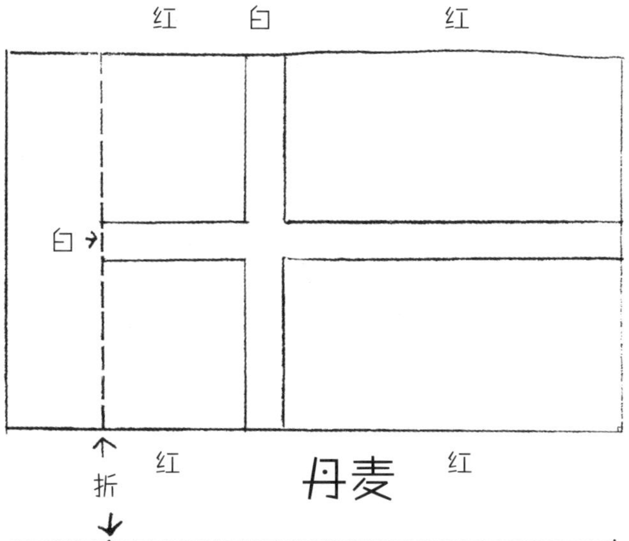

丹麦

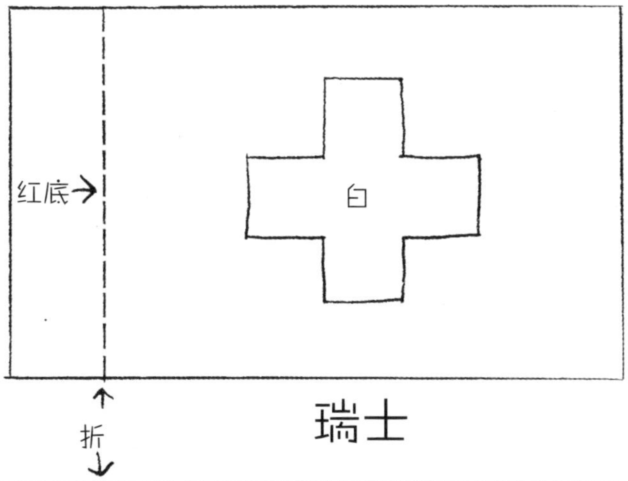

瑞士

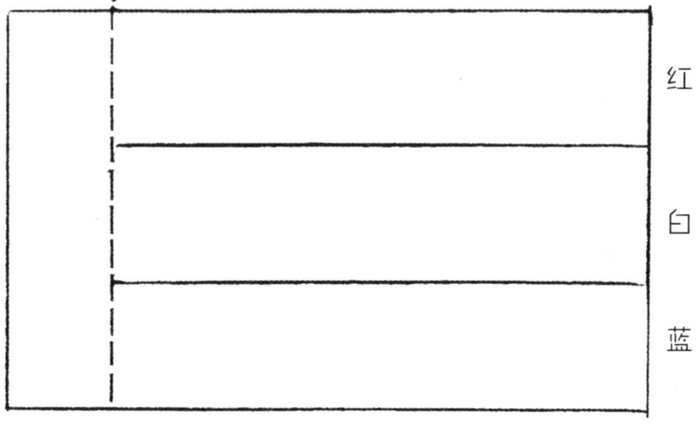

荷兰

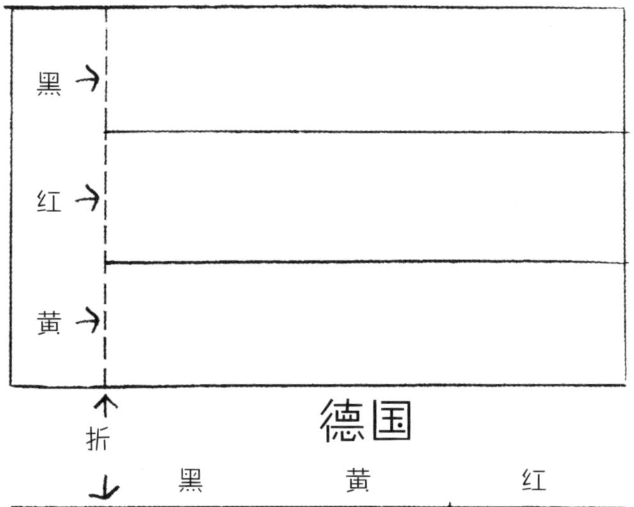

德国

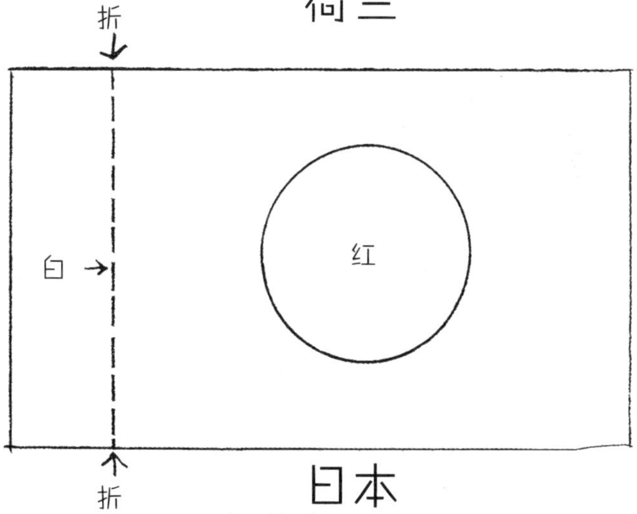

日本

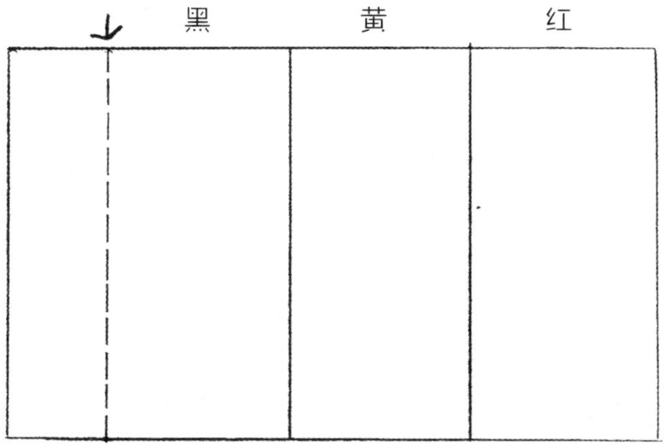

比利时

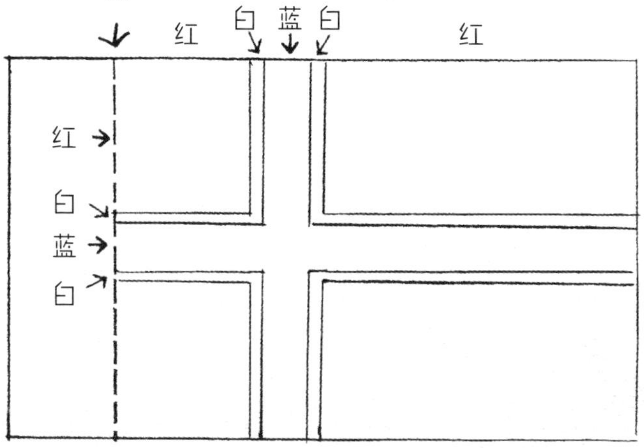

挪威

墨菲警官又去巡逻了!

制作比翼双飞的乌鸦

将乌鸦妈妈和乌鸦爸爸的正反面都按要求涂上颜色。
再将这两页沿黑色实线框剪下来。
按下面的图示所示，沿虚线折叠出两只乌鸦。

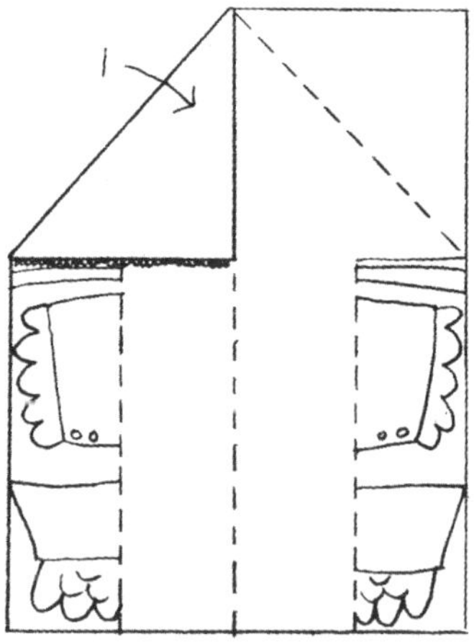

先将没有画眼睛的那一面朝上。
再把左上角齐中间的虚线折叠。

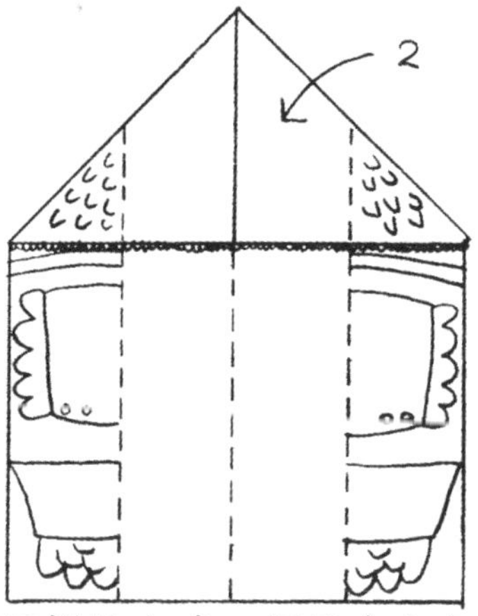

同样的方式，折叠右上角。

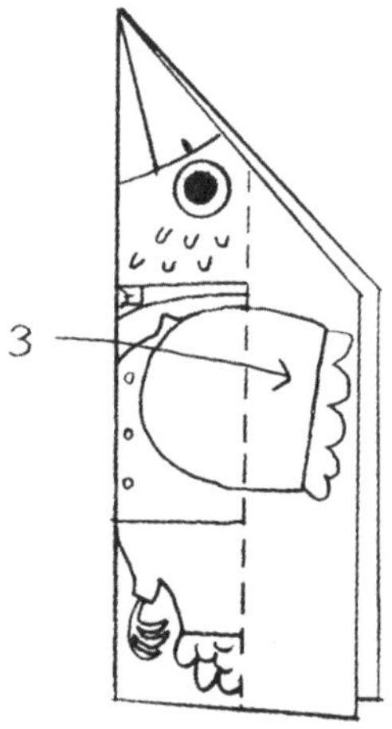

沿中间虚线向内对折。

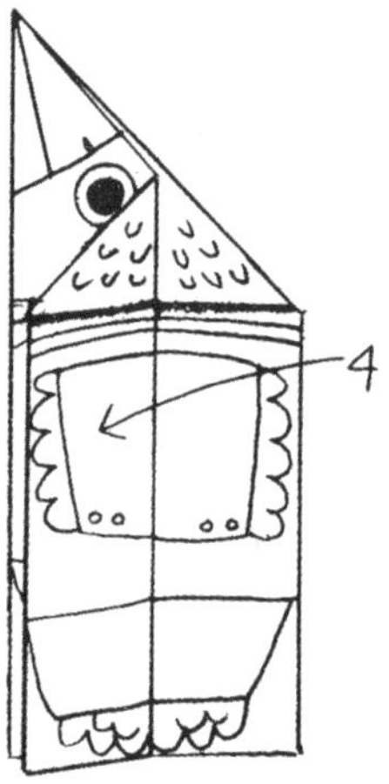

将两只翅膀分别向外折。

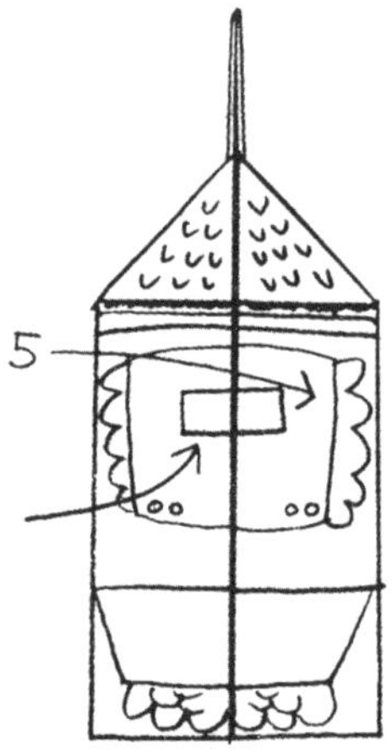

用胶条将两只翅膀
并排固定在一起。

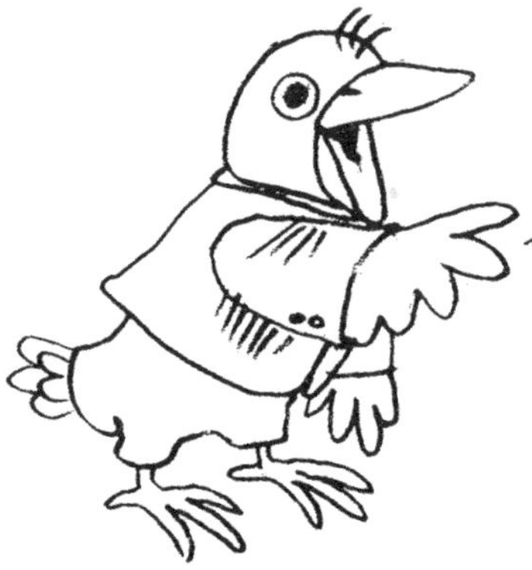

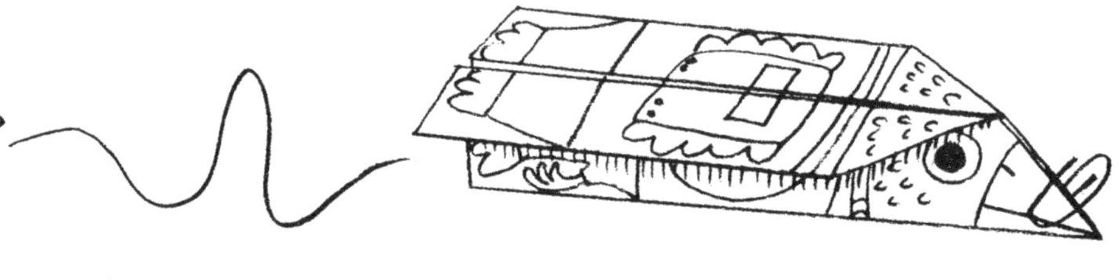

好了，现在乌鸦可以飞了。如果想让它飞得更好，那就在乌喙上别一个回形针。

乌鸦妈妈

涂色建议：

喙、眼睛、爪子——黄色

头、翅膀、尾巴——蓝色

头巾——绿底粉红色圆点

衬衫——橘黄色

衣领、裙子——紫色

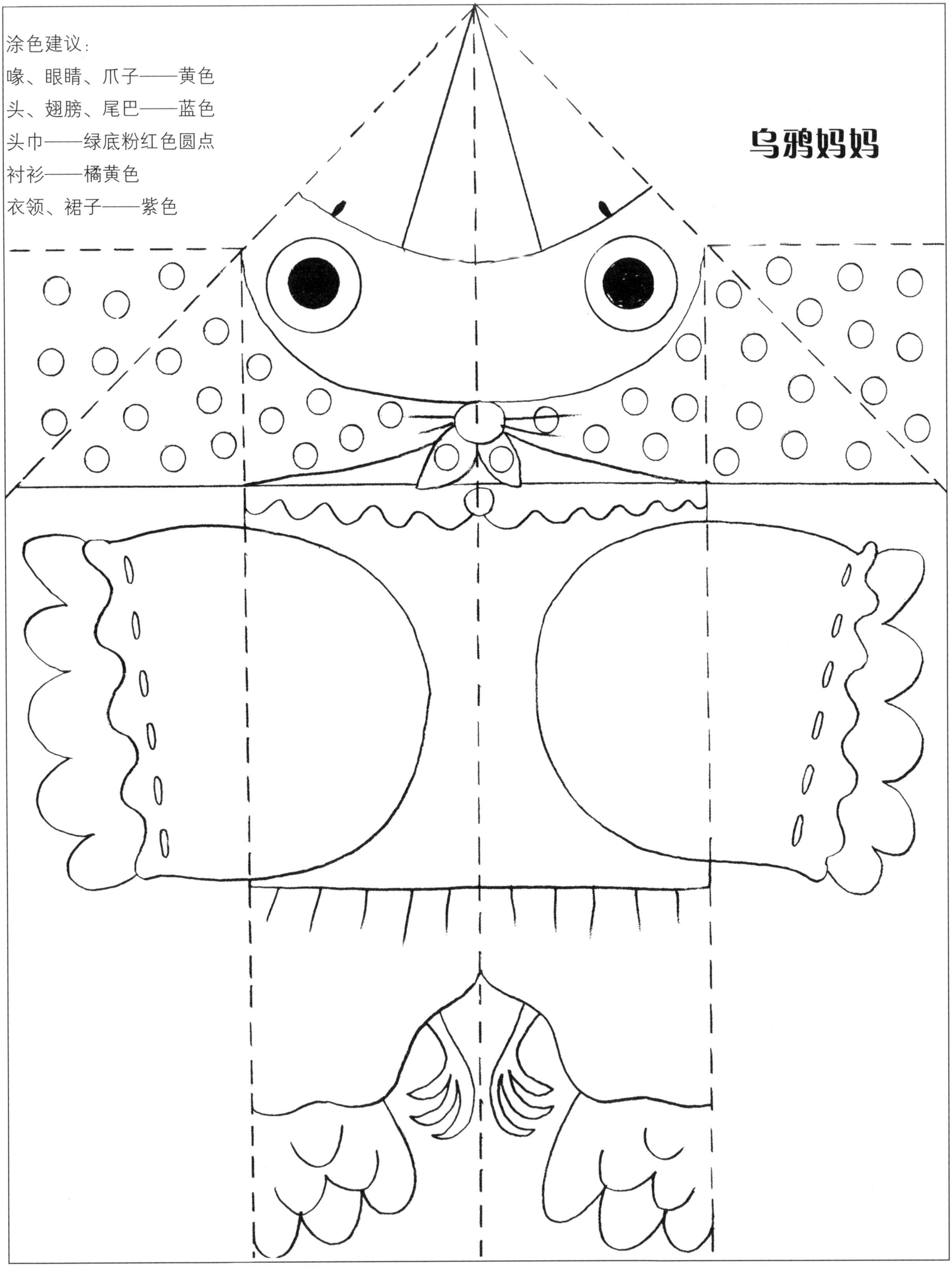

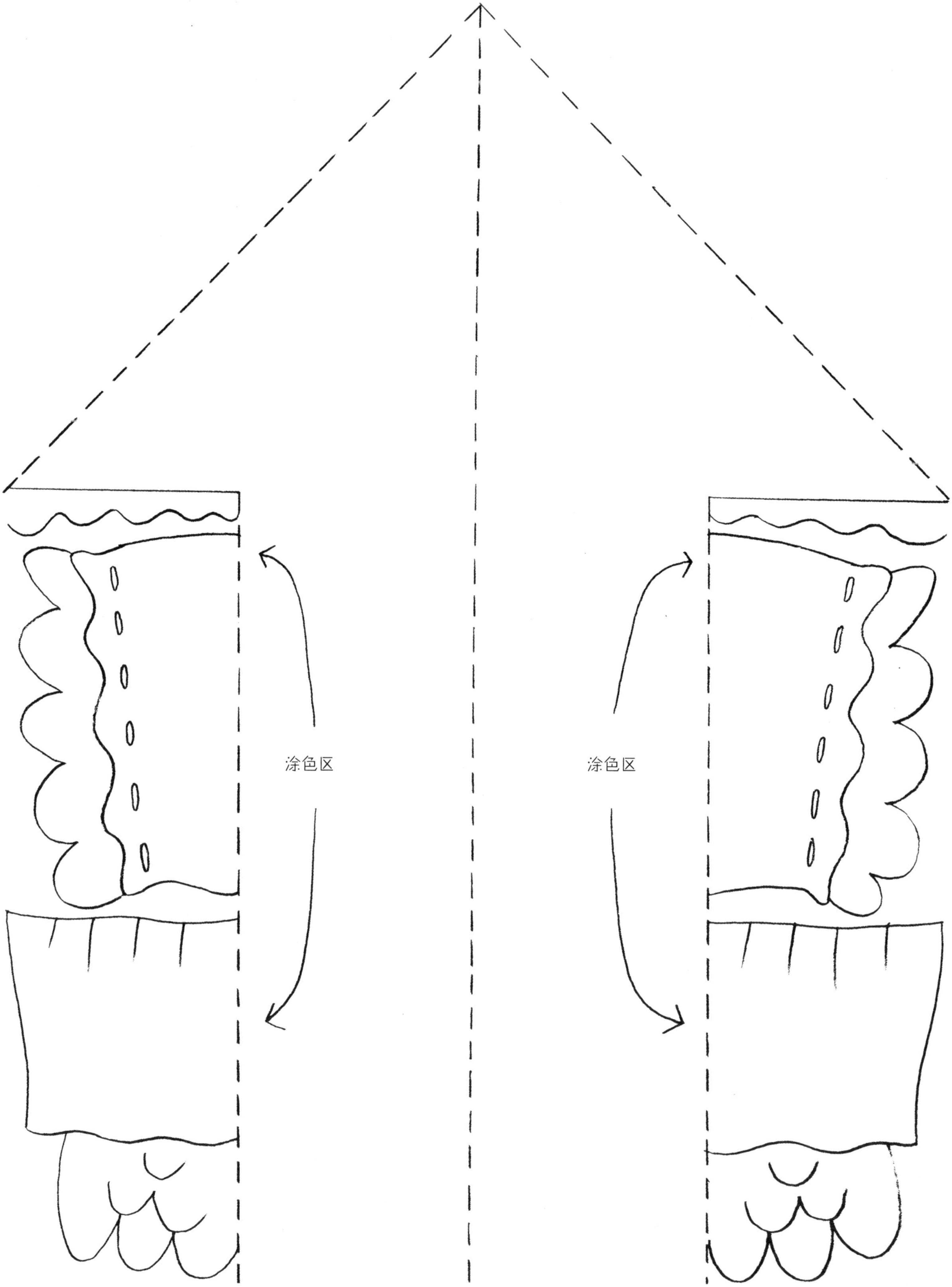
涂色区
涂色区

涂色建议：
喙、眼睛、爪子——黄色
头、翅膀、尾巴——红色
外套——绿色
衬衫领、裤子——蓝色
领结——橘黄色

乌鸦爸爸

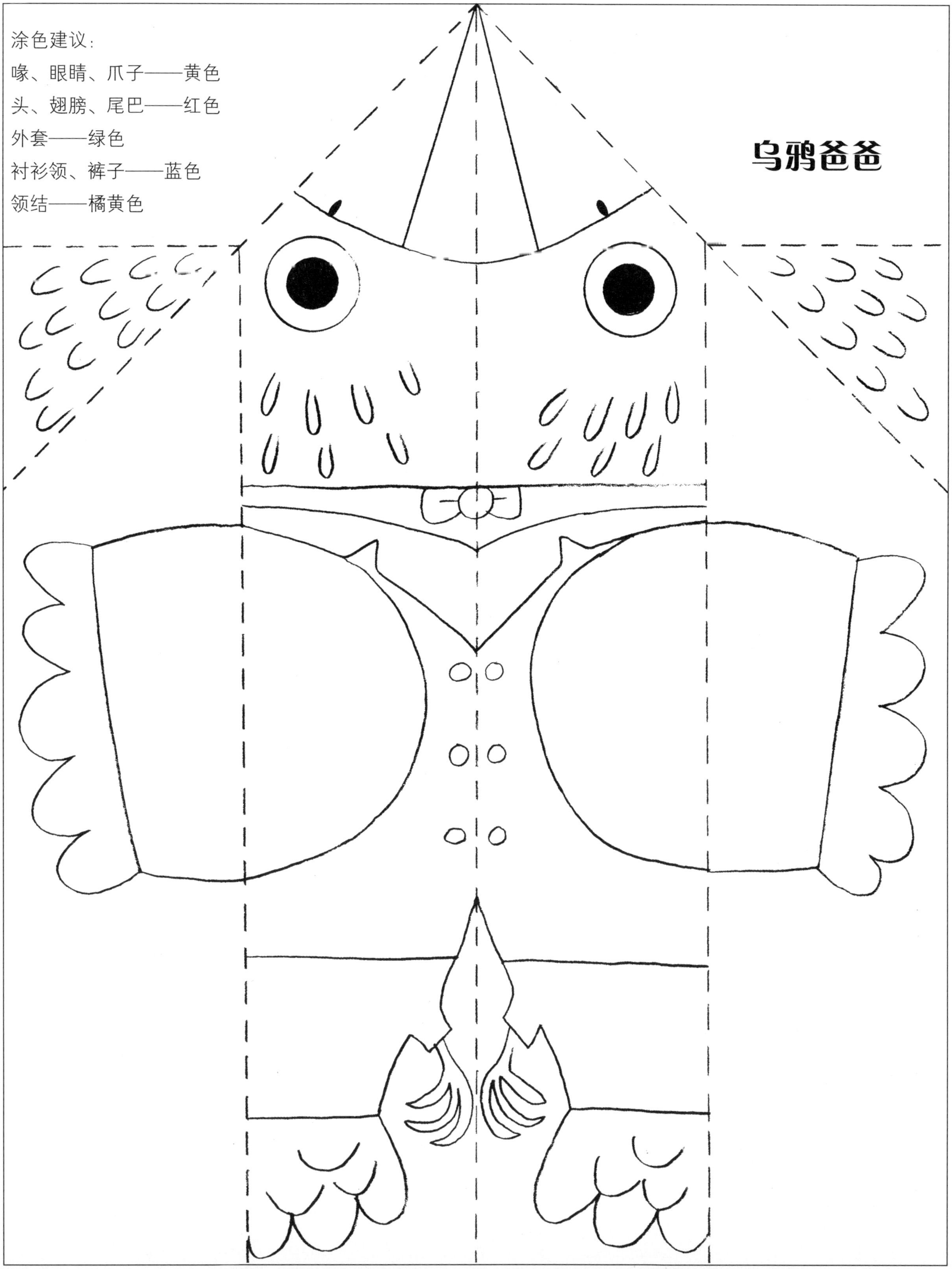

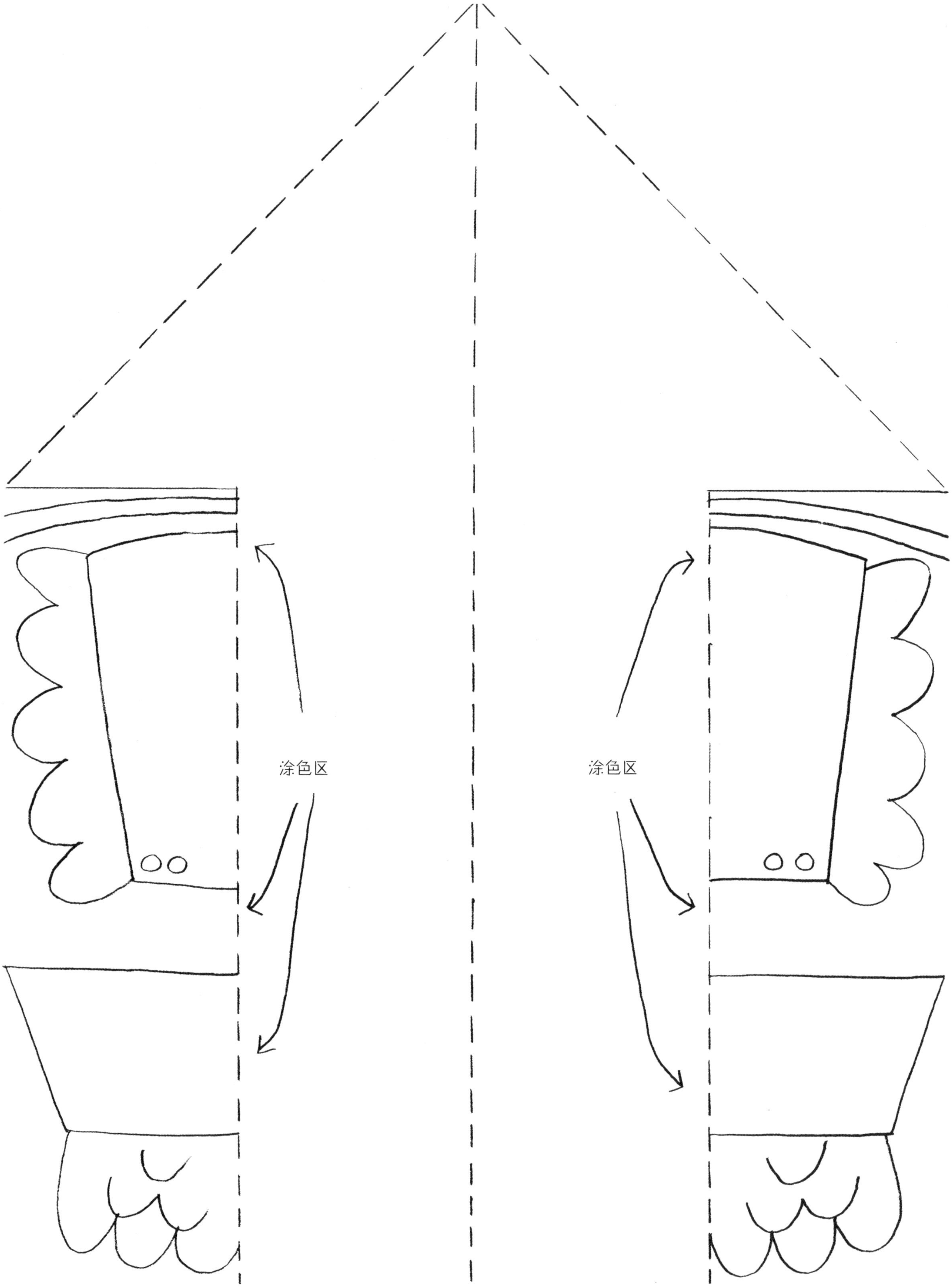
涂色区
涂色区

我们的朋友们

还记得这些住在忙忙碌碌镇的朋友们吗？他们正在跟你打招呼呢。快来给他们涂上颜色吧！

比格一家要去旅行。
小狗查理的出租车都快装不下他们了。

31天 八月 建军节 8月1日

星期日	星期一	星期二	星期三	星期四	星期五	星期六

按数字顺序连接三组圆点，完成上面这幅画。

井字游戏

这个游戏需要两个人来玩。

一个在方框里画“X”，另一个在方框里画“O”。两个人轮流在方框里做标记。谁先将3个相同的标记连成线，谁就赢了。

这次，小熊哈里赢了大河马希尔达，因为哈里将三个“O”连在了一起。

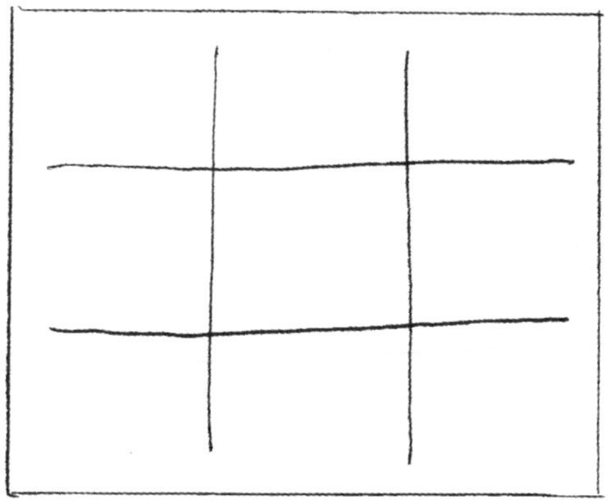

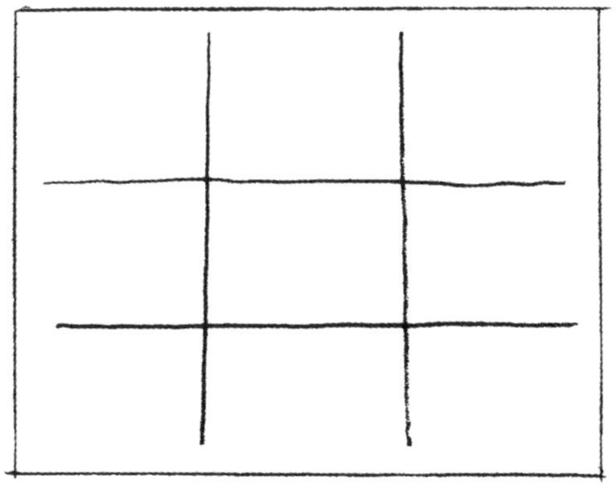

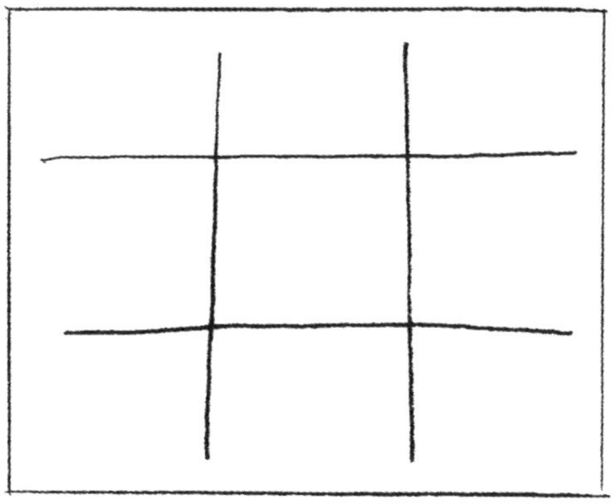

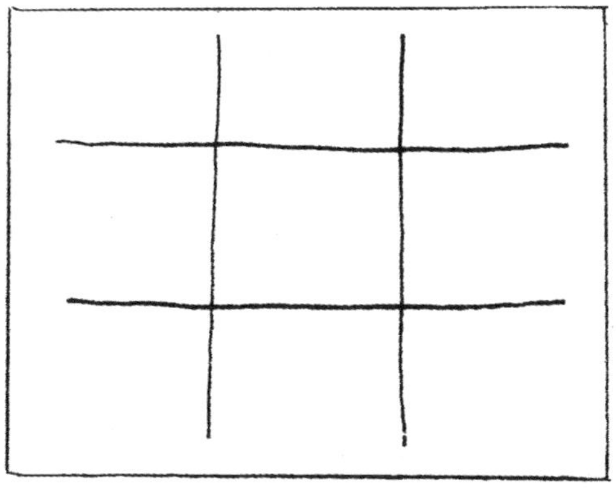

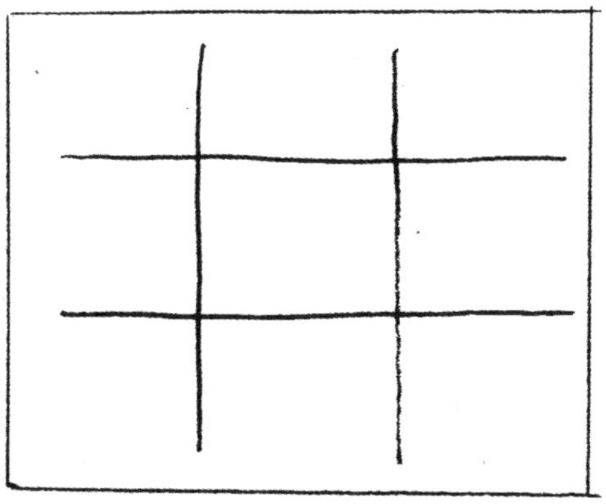

玩井字游戏的方法说明，请见本页背面。

火车

给此页和接下来的两页上的图画涂上颜色，再沿外缘黑色实线剪下后，沿虚线折叠。

将这列火车的每节车厢都折成小盒子。先将侧面的“粘贴处”与车厢内侧粘牢，再以同样的方式粘贴上面的“粘贴处”。

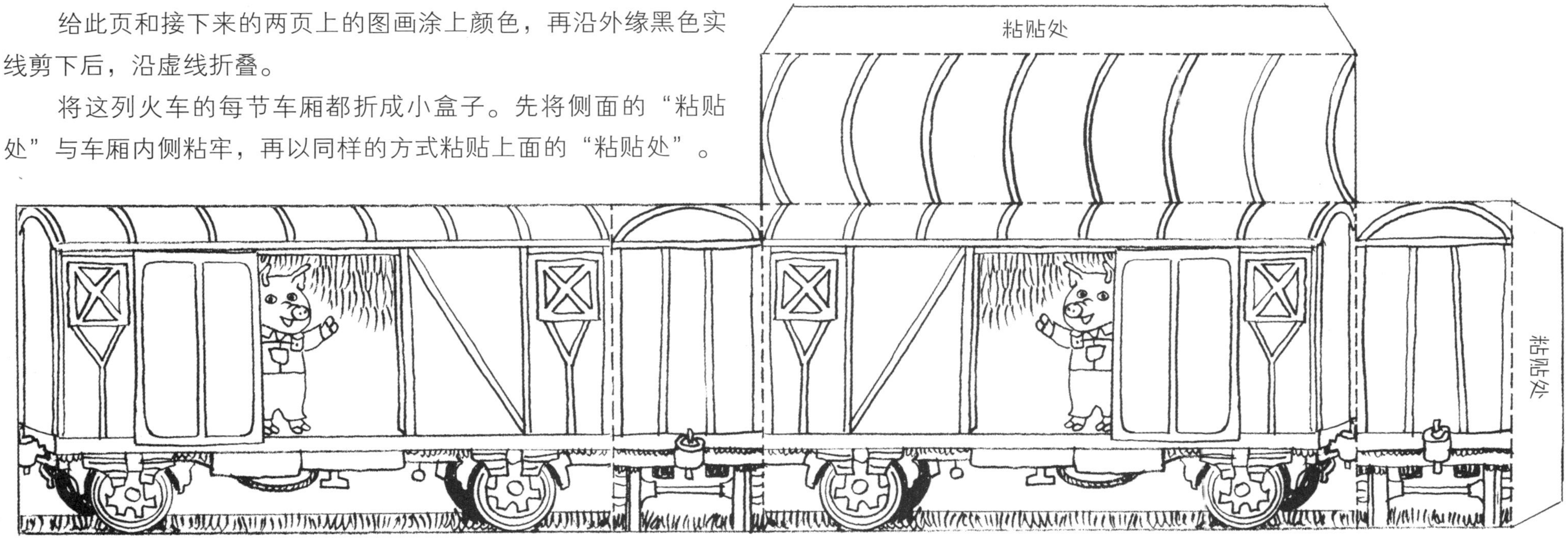

将一个个车厢排成一排，再将“旅客”们剪下来，沿虚线折叠后，立在火车周围。

祝大家旅途愉快！

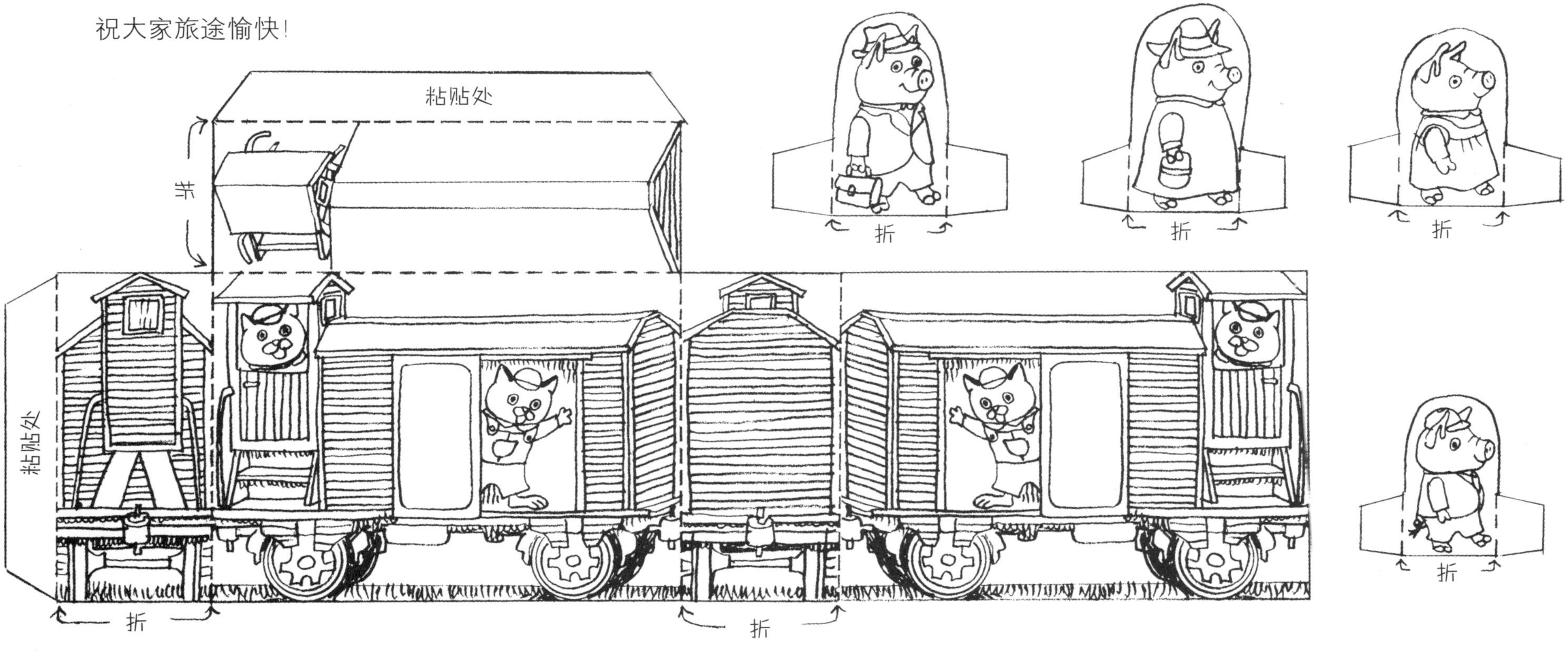

粘贴处
粘贴处
粘贴处
折
折
折
控制塔
折
粘贴处
折
折

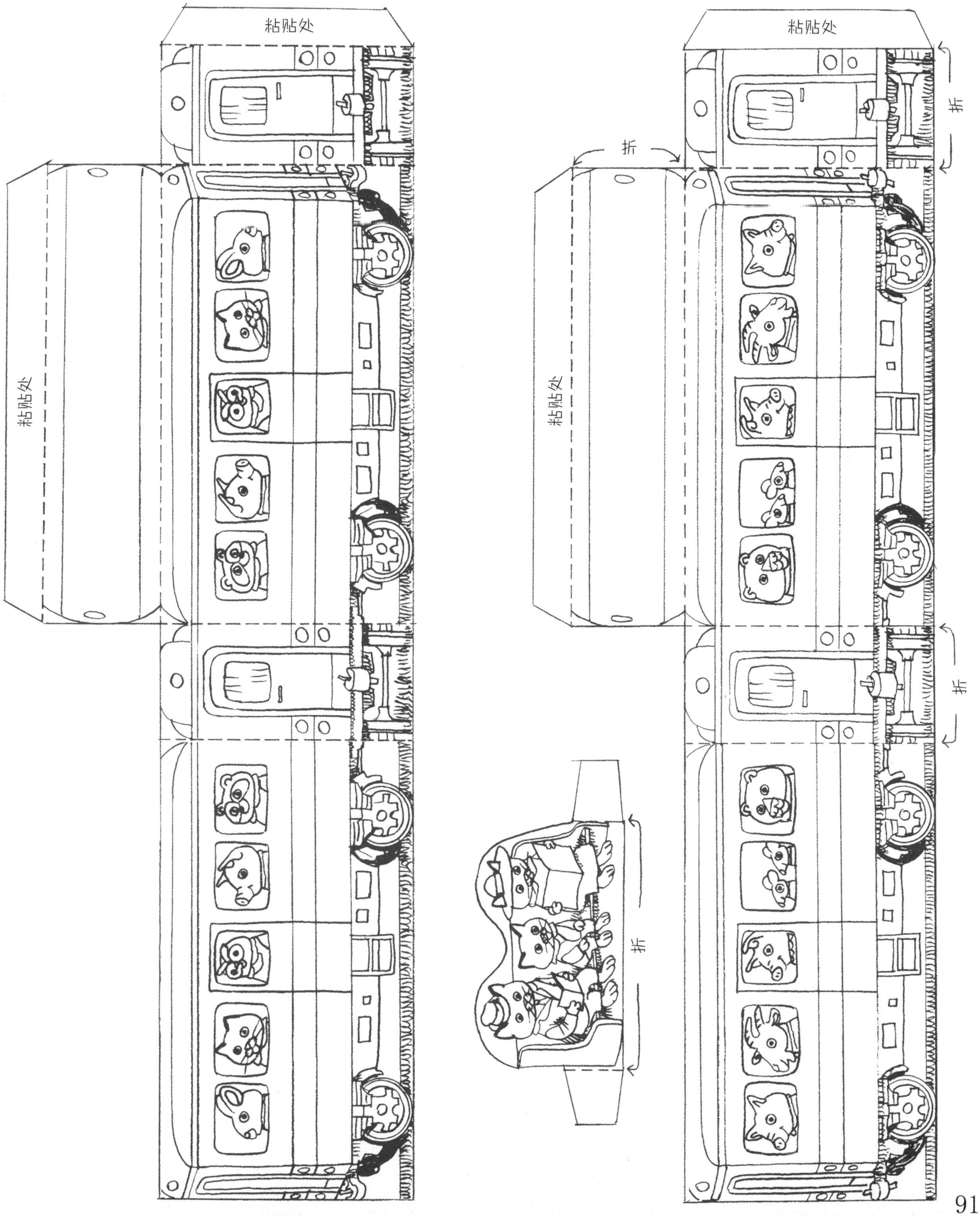
粘贴处
粘贴处
粘贴处
粘贴处
折
折
折
折
折

给海龟和垃圾桶涂上颜色，但是不要告诉别人，他们是谁装扮的！

小屁孩儿和爬爬要去上学了。
你什么时候开始上学啊?

30天
九月
教师节 9月10日
星期日
星期一
星期二
星期三
星期四
星期五
星期六
Aa
Bb
Cc
Dd
1
2
3

这辆消防车需要重新刷油漆，快来帮忙吧！

藏书票

给下面的卡片涂上颜色并签上名字。

沿边框的黑色实线剪下卡片，贴在书的封二处。

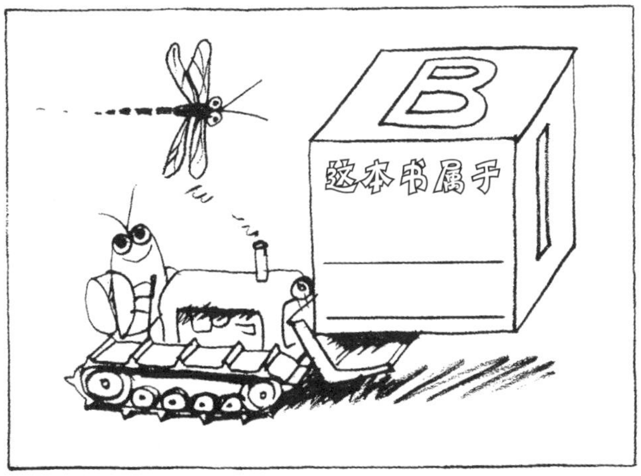

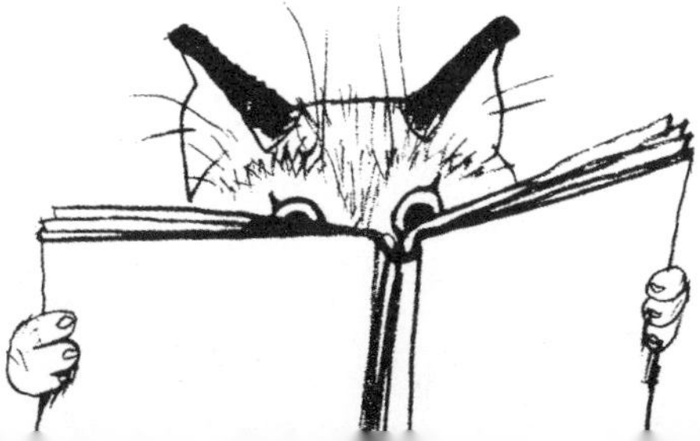

书签

将此页正反面的图画都涂上颜色，并沿边框的黑色实线剪下它们。

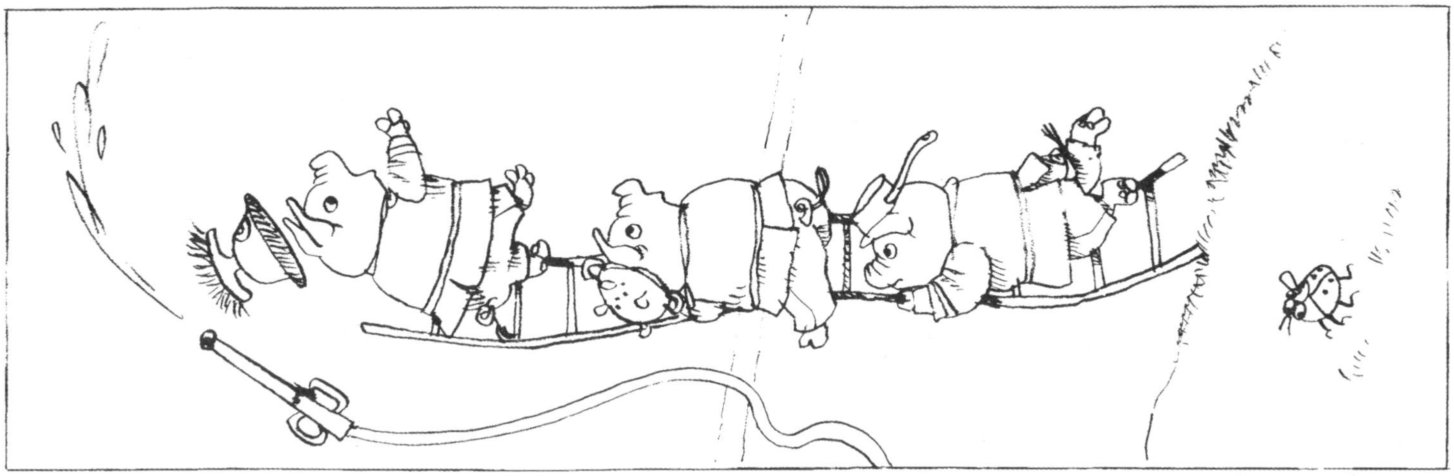

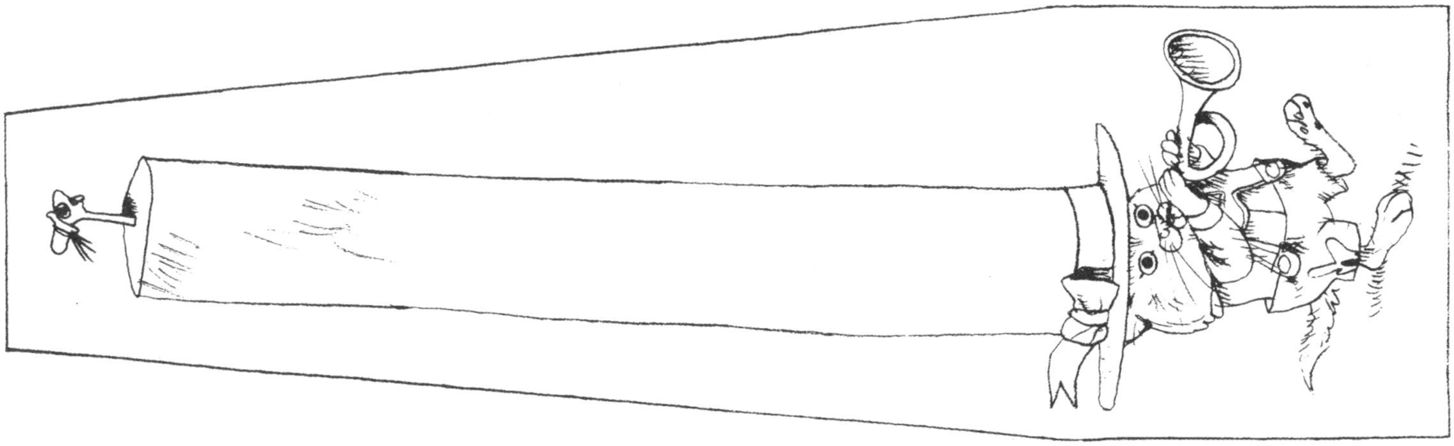

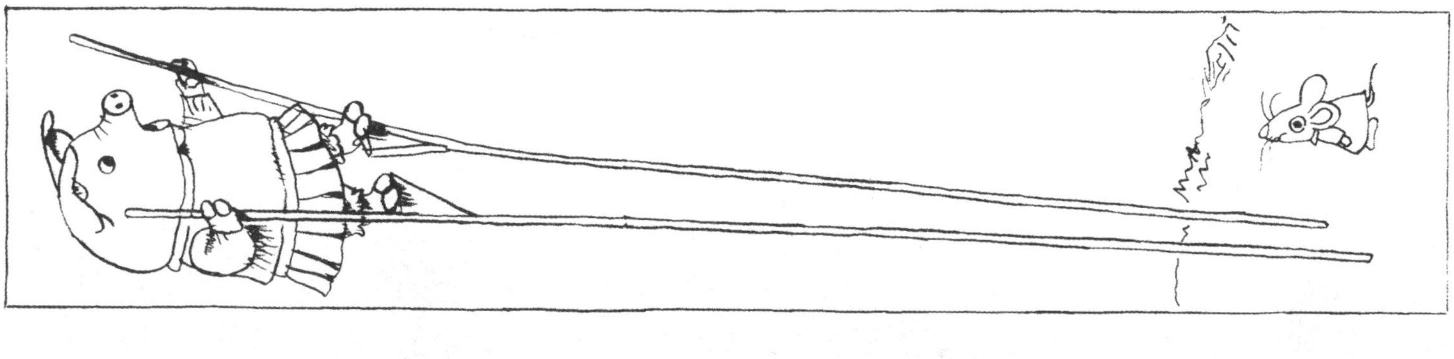

提醒：请沿背面的黑色实线边框剪下图画。

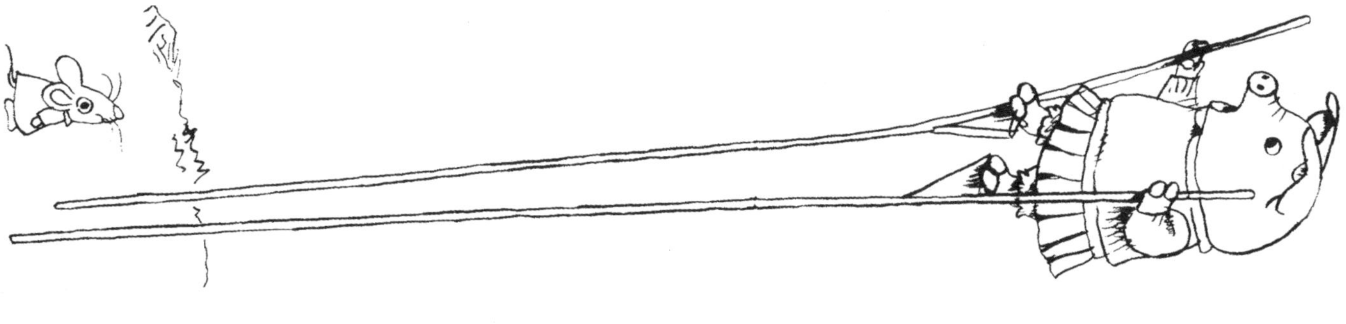

哈尼老师把英文字母表写在了黑板上。请你帮助小朋友们给这些字母涂上不同的颜色吧。

跟着哈尼老师学数数，并给数字涂上不同的颜色。

31天 **十月** 国庆节 10月1日

星期日	星期一	星期二	星期三	星期四	星期五	星期六

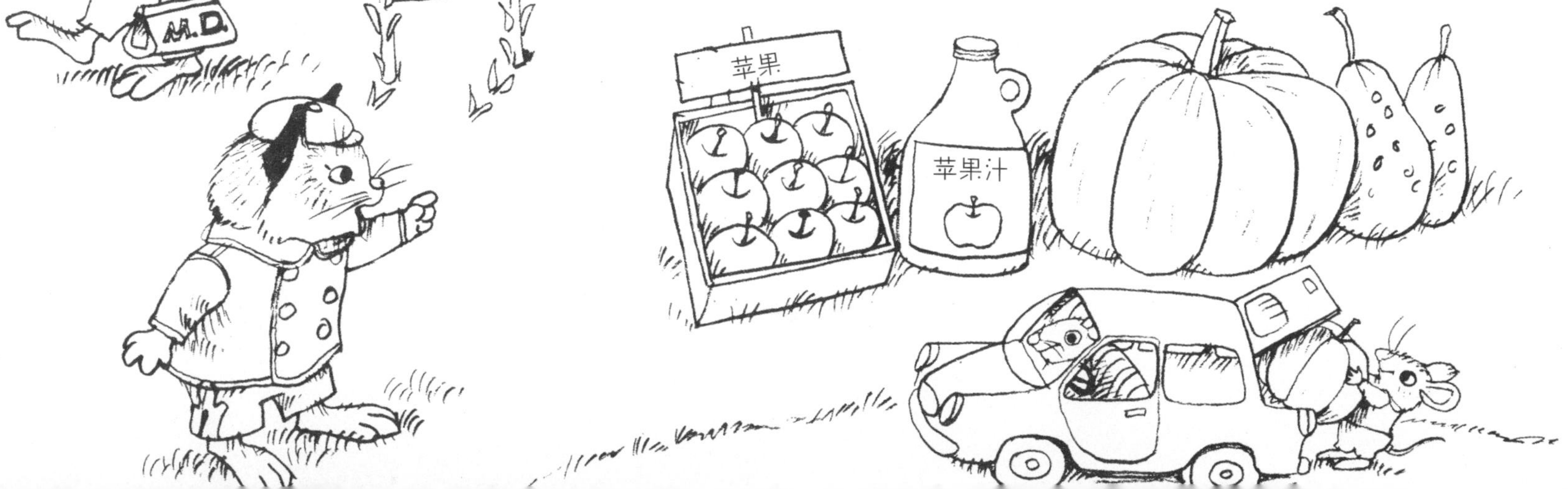

糊涂老黑正驾驶着
什么车在马路上跑呢？

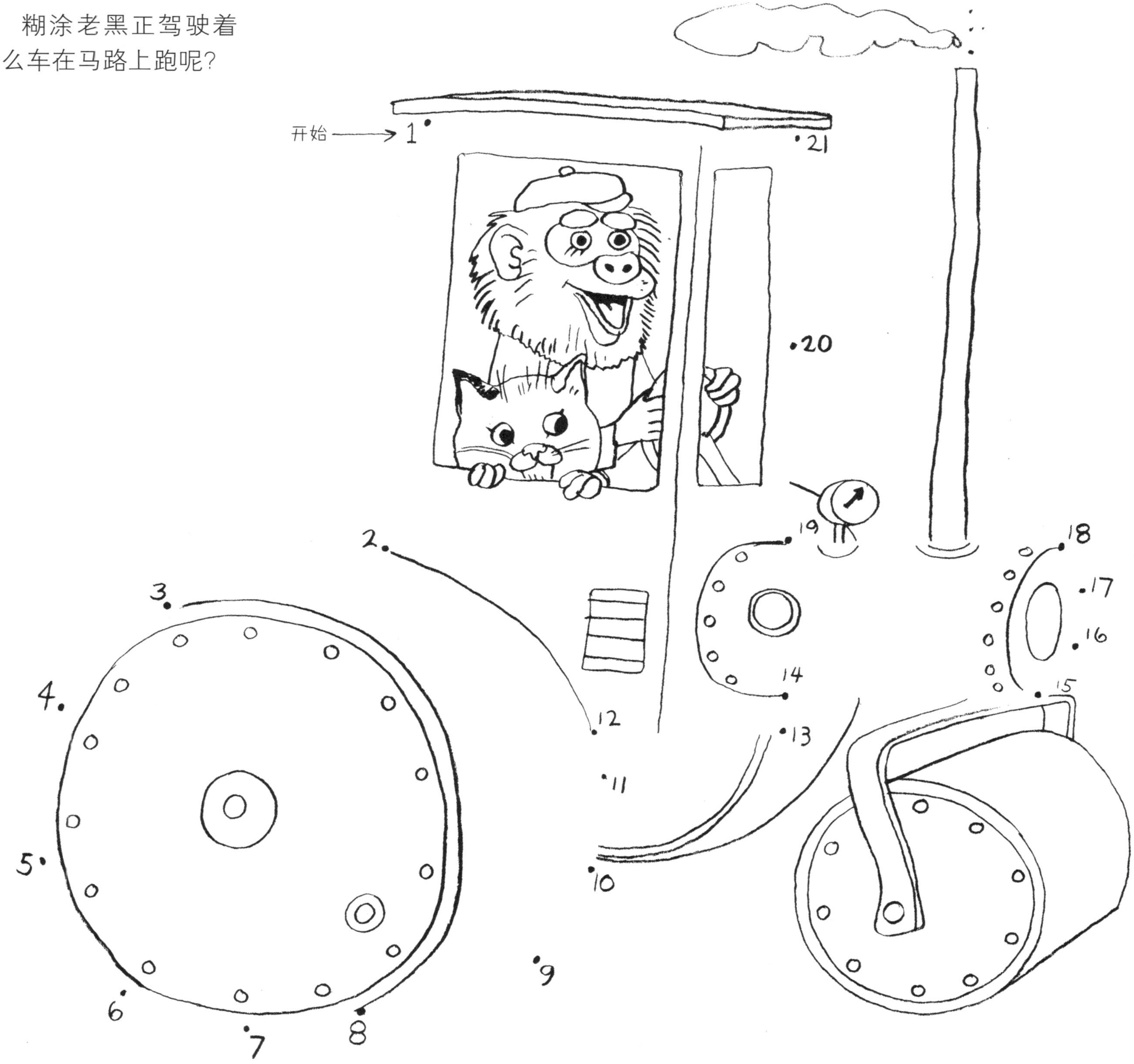

到底谁想玩？

该体检了。说“啊”！

布鲁诺在野餐。

比格先生喜欢读故事书给约瑟夫和约瑟芬听。

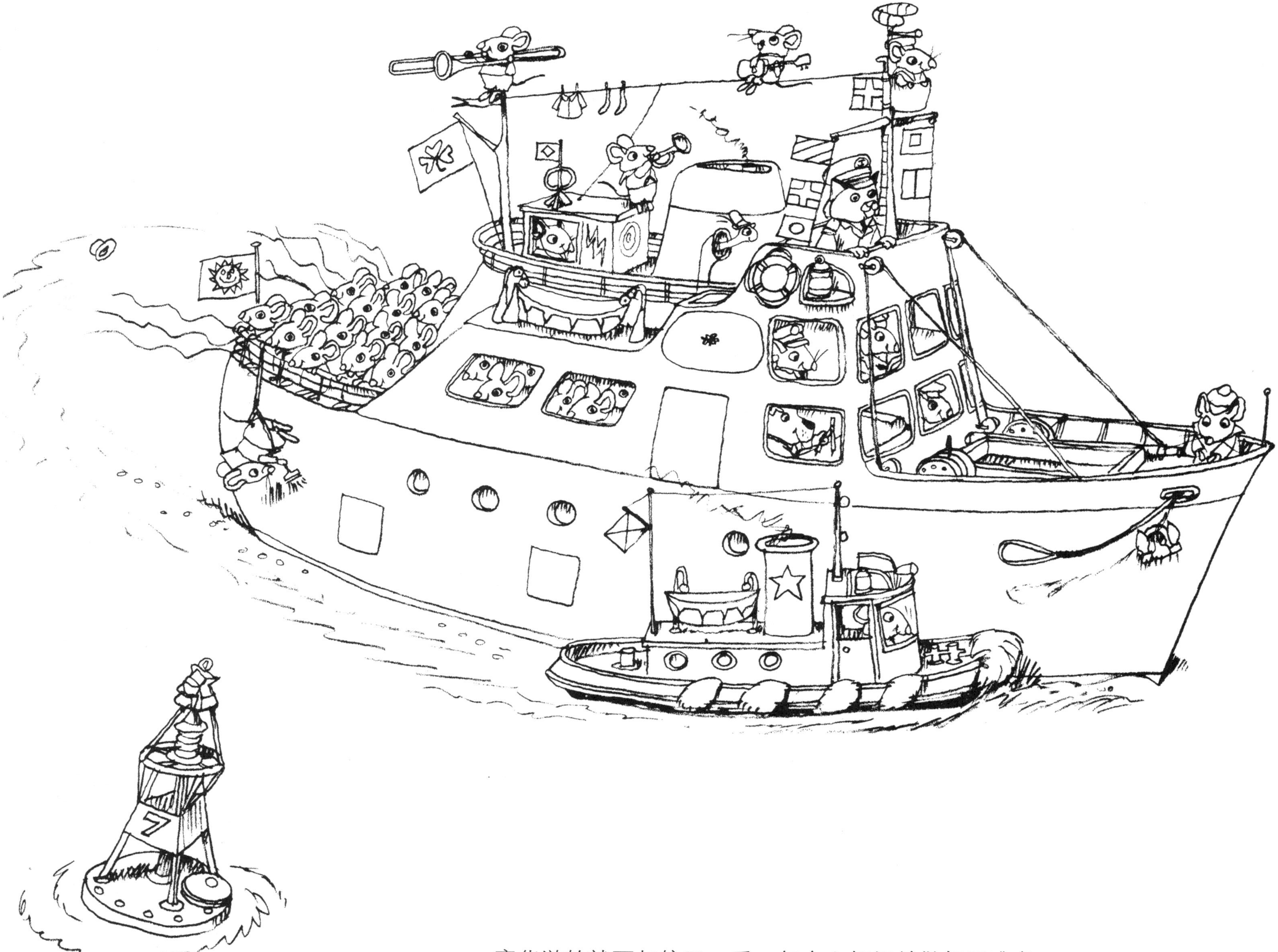

豪华游轮就要起航了。看，每个人都提前做好了准备。

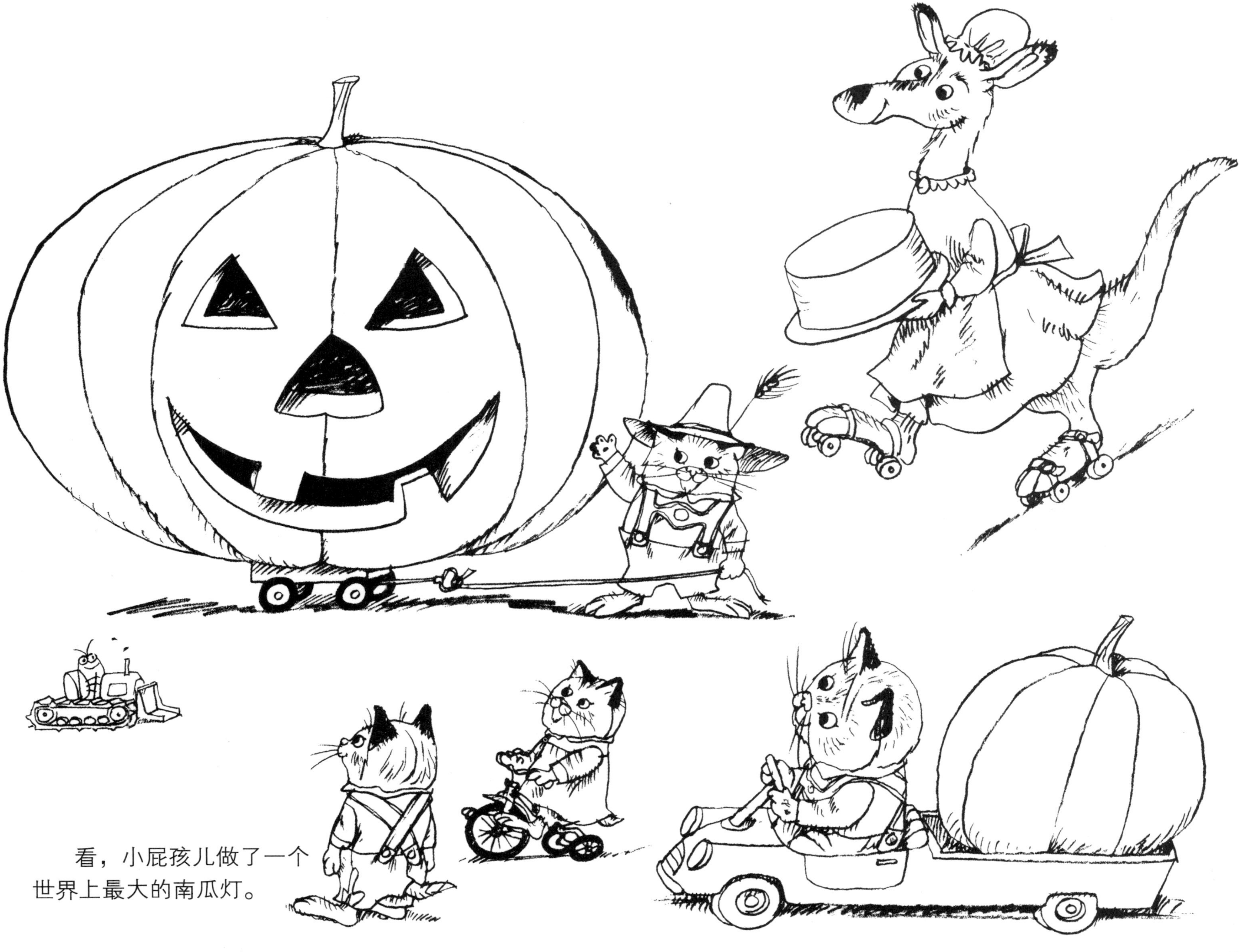

看，小屁孩儿做了一个
世界上最大的南瓜灯。

30天			十一月			
星期日	星期一	星期二	星期三	星期四	星期五	星期六

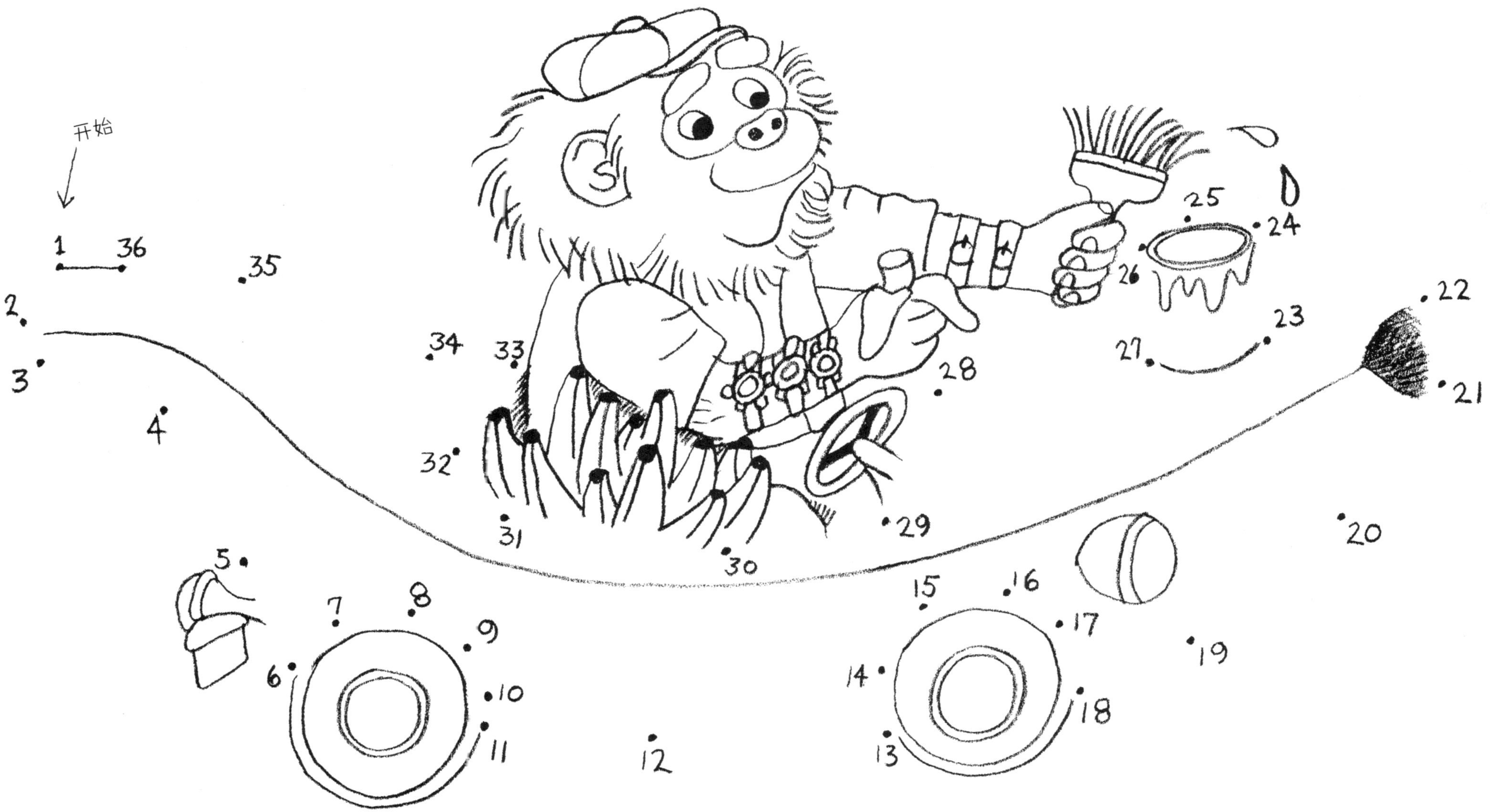

糊涂老黑在给什么刷油漆?

按数字顺序将圆点连接起来，你就能看到答案。

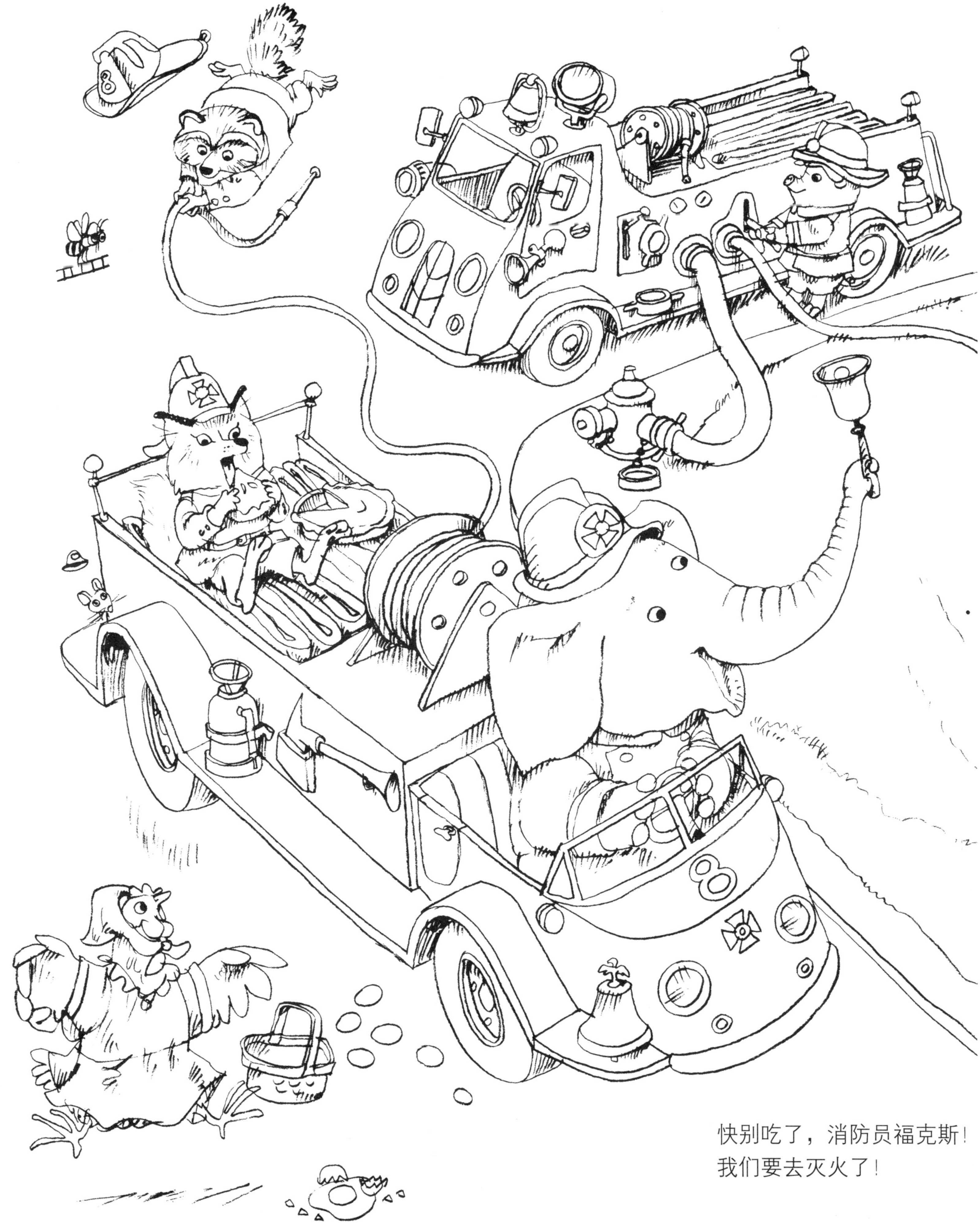

快别吃了，消防员福克斯！
我们要去灭火了！

看看忙忙碌碌镇上各种车辆驾驶员的不同表现！

31天			十二月		圣诞节 12月25日	
星期日	星期一	星期二	星期三	星期四	星期五	星期六

这是谁?

哎呀！猜猜要发生什么事了！

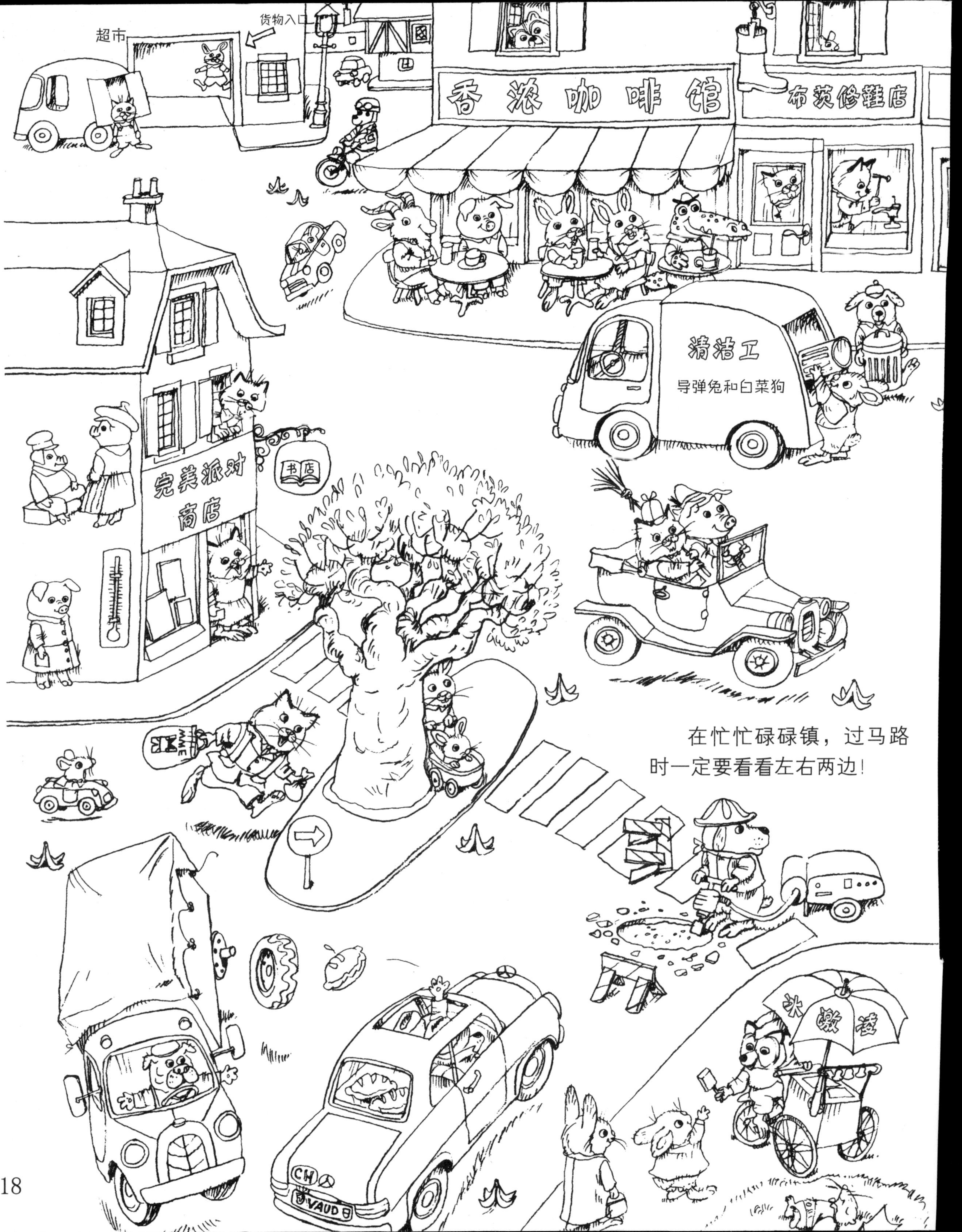
超市
货物入口
香浓咖啡馆
布茨修鞋店
清洁工
导弹兔和白菜狗
完美派对商店
书店
冰激凌
CH
VAUD
在忙忙碌碌镇，过马路时一定要看看左右两边!

忙忙碌碌镇上的一个安静的角落!

图书在版编目（CIP）数据

斯凯瑞金色童书·益智游戏/（美）斯凯瑞著；谭萌，静博译.
—贵阳：贵州人民出版社，2010.8
（蒲公英图画书馆·金色童书系列）
ISBN 978-7-221-09051-5

Ⅰ.①斯… Ⅱ.①斯…②谭…③静… Ⅲ.①智力游戏—儿童读物—现代 Ⅳ.①G898.2

中国版本图书馆CIP数据核字(2010)第162633号

斯凯瑞金色童书·益智游戏
斯凯瑞最high的游戏书 [美]理查德·斯凯瑞 著 谭萌 静博 译

出版人	曹维琼
策划	远流经典文化
执行策划	颜小鹂 李奇峰
责任编辑	苏桦 静博
设计制作	曾念 陈田田
出版	贵州出版集团公司 贵州人民出版社
地址	贵阳市中华北路289号
电话	010-85805785（编辑部）
网址	www.poogoyo.com
印制	北京国彩印刷有限公司（010-69599001）
版次	2010年09月第一版
印次	2010年09月第一次印刷
成品尺寸	250mm×285mm 1/12
印张	31
定价	89.00元（全三册）